21世紀東南アジアの強権政治

「ストロングマン」時代の到来

外山文子　日下渉　伊賀司　見市建 編著

明石書店

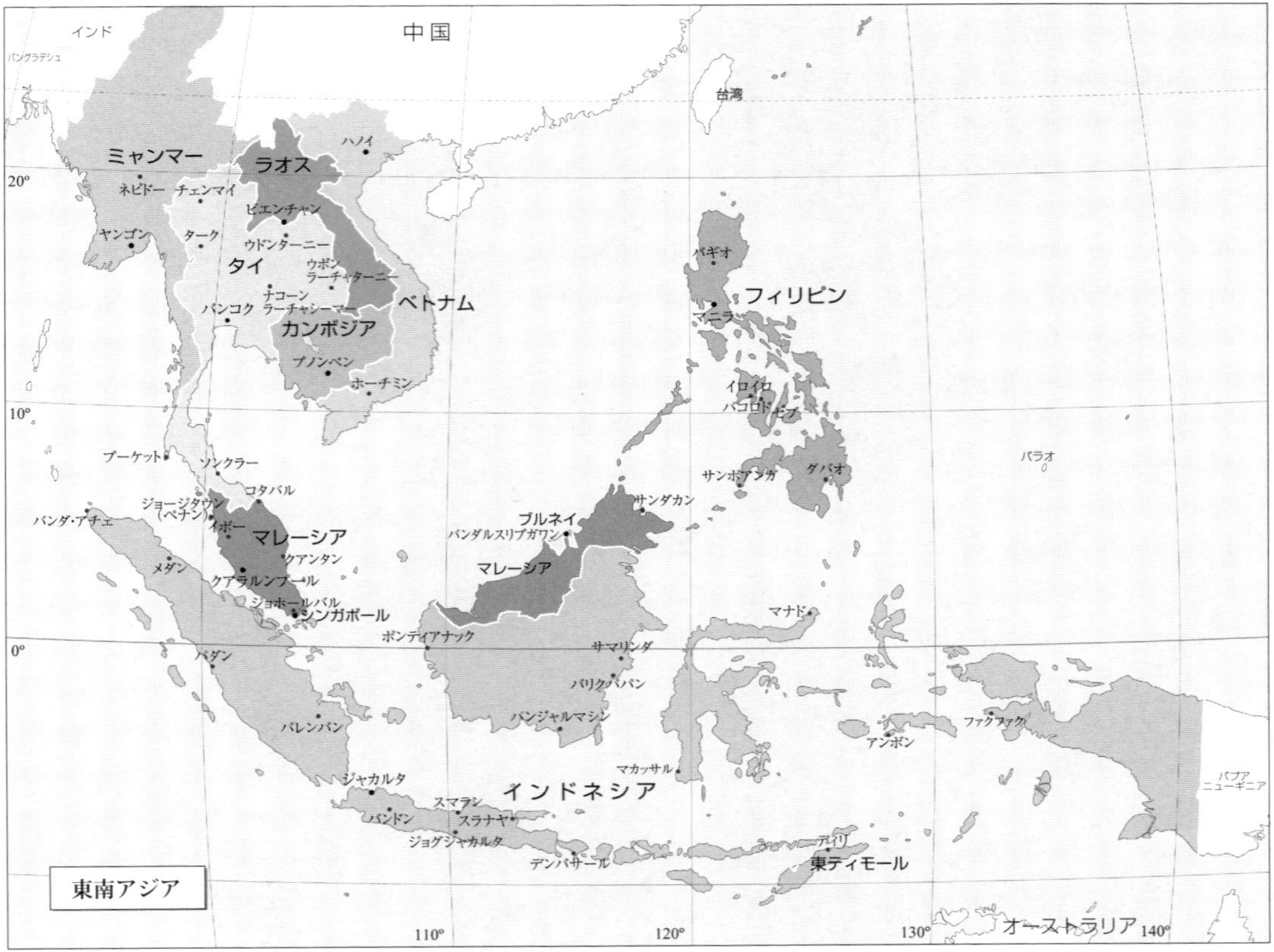
東南アジア
中国
インド
バングラデシュ
台湾
ミャンマー
ネピドー
ヤンゴン
ラオス
ビエンチャン
ハノイ
タイ
チェンマイ
ターク
ウドンターニー
ウボン
ラーチャターニー
ナコーン
ラーチャシーマー
バンコク
ベトナム
カンボジア
プノンペン
ホーチミン
プーケット
ソンクラー
コタバル
ジョージタウン
（ペナン）
イポー
マレーシア
クアンタン
クアラルンプール
ジョホールバル
シンガポール
バンダ・アチェ
メダン
パダン
パレンバン
ジャカルタ
バンドン
スマラン
スラナヤ
ジョグジャカルタ
デンパサール
インドネシア
ポンティアナック
サマリンダ
バリクパパン
バンジャルマシン
ブルネイ
バンダルスリブガワン
マレーシア
サンダカン
フィリピン
バギオ
マニラ
イロイロ
バコロド
セブ
サンボアンガ
ダバオ
パラオ
マナド
マカッサル
アンボン
ファクファク
ディリ
東ティモール
パプア
ニューギニア
オーストラリア
20°
10°
0°
110°
120°
130°
140°

21世紀東南アジアの強権政治――「ストロングマン」時代の到来◉目　次

第1章　〈総論〉東南アジアにおける新しい強権政治の登場（外山文子）…………7

1　はじめに　8／2　21世紀における民主化の課題　10／3　21世紀東南アジアにおける新しい強権政治の登場　14／4　各国の政治史──タイ、インドネシア、マレーシア、フィリピン　21／5　本書の構成　33

第2章　〈タイ〉タックシンはなぜ恐れられ続けるのか
──滅びないポピュリズムと政治対立構造の変化（外山文子）…………37

1　はじめに　38／2　ポピュリズムとは　41／3　タックシン政権登場前の政治──伝統的エリートによる統治システム　43／4　タックシン政権登場の背景──1997年憲法の施行　46／5　タックシン政権の誕生と障壁　50／6　タックシン政権Ⅰ──「ポピュリズム」第1幕　57／7　タックシン政権Ⅱ──「ポピュリズム」第2幕　61／8　2006年クーデター──伝統的エリートの反撃1　67／9　政治の司法化──伝統的エリートによる反撃2　75／10　タックシンによる大衆デモ扇動──「ポピュリズム」第3幕　79／11　「ポピュリズム」が残したもの──政争の変化　87／12　おわりに──政治対立構図の変化　94

コラム1◉タイ政治と学生の人文字――タムマサート大学とチュラーロンコーン大学のサッカー交流戦から（長島朝子） 100

第3章 〈フィリピン〉国家を盗った「義賊」
――ドゥテルテの道徳政治（日下 渉）…… 109

1 はじめに 110／2 道徳をめぐる闘争 113／3 「義賊」ドゥテルテの構築 121／4 道徳と殺人の共犯性 132／5 義賊は国家を乗りこなせるか 142

コラム2◉フィリピンは弱い国家か（佐久間美穂） 148

第4章 〈マレーシア〉ナジブはなぜ失脚しないのか（伊賀 司）…… 153

1 はじめに――世界をかけめぐった1MDBスキャンダル 154／2 ナジブ・ラザクという政治家 159／3 ナジブ政権下のマレーシア政治――改革から反動へ 170／4 1MDBスキャンダルからの「生き残り」 183／5 おわりに――あらためてナジブ・ラザクという政治家を考える 198

コラム3◉ナジブ政権下における治安維持の政治（工藤 献） 203

第5章　〈インドネシア〉庶民派大統領ジョコ・ウィドドの「強権」（見市 建）209
1　庶民出身の大統領　210／2　巧みな人事とイメージ戦略　219／3　アホックの「宗教冒瀆」事件　232／4　おわりに　242
コラム4◉「不寛容」な民主化時代（茅根由佳）245
あとがき　251

第1章

〈総 論〉

東南アジアにおける新しい強権政治の登場

外山文子

タイの民主記念塔（筆者撮影）

1　はじめに

本書では、21世紀の東南アジア諸国にて、民衆からの支持を得て選挙で勝利し政権を掌握したが、非常に強権的な統治スタイルを持つ新しい政治指導者の登場について取り上げる。彼らの登場の背景、権力基盤、既存エリートとの争い、そして民主化への影響について、４名の政治指導者を比較検証する。

東南アジア諸国では、冷戦期には、軍部の支持や一党優位体制などを基盤とした「開発独裁」と呼ばれた強権的な政治指導者が多数みられた。タイのサリットとタノーム、インドネシアのスハルト、フィリピンのマルコス、マレーシアのマハティール、シンガポールのリー・クアンユーなどである。彼らの強権的政治を正当化したものは「開発」や「反共」であった。開発独裁による統治下では、たとえ選挙が実施されたとしても議会は形がい化しており、国家権力は一元的に集中させられていた。また、政治的自由や市民的自由は著しく制限され、政府関係者や公務員の間では汚職が蔓延《はびこ》っていた。

１９８０年代半ば以降、世界的な民主化の潮流に乗って東南アジア諸国でも民主化の流れが起こり、政権担当者は選挙により選ばれるようになり、政治アクターは多様化した。１９９０年代には、東南アジア諸国でも民主化が順調に進展するであろうとみられていた。

ところが21世紀に入ると、新しいタイプの権力基盤や統治スタイルを持った強権的な政治指導者「ストロングマン」（Strong man）が登場するようになった。彼らは「開発独裁」とは異なり、軍部との直接的な繋がりはなく、また多くは既存エリート層の出身でもない。彼らが登場した国家の政治制度は、議院内閣制または大統領制とそれぞれに異なるものの、ポピュリスト的な性格を持っている。加えて、彼らは人権侵害を伴うほどの強権的な統治スタイルを持ち、一部の政治指導者には汚職の噂も付きまとう。なぜ21世紀になって、東南アジアにおいて新しいタイプの強権的な政治指導者たちが登場したのだろうか。彼らの登場を後押しし、政治権力の獲得・維持を可能とした要因、そして民主化に与える影響について、４か国の政治指導者を比較することで明らかにすることを目指す。

本書で取り上げる政治指導者は、タイのタックシン元首相（２００１年～２００６年）、マレーシアのナジブ首相（２００９年～現在）、インドネシアのジョコ・ウィドド大統領（２０１４年～現在）、そしてフィリピンのドゥテルテ大統領（２０１６年～現在）である。タイとマレーシアは、議院内閣制であり、フィリピンとインドネシアは大統領制である。しかし、制度を超えて共通点が存在し、また同時に同じ制度内でも相違点がみられる。強力な与党を基盤に持つタックシンとナジブは、なぜ前者が政権の座を追われ、後者が政権を掌握し続けることが可能なのだろうか。加えて前者はなぜ、国を出てもなお恐れられ続けるのだろうか。また、ともに政党基盤が弱く、民衆からの個人的な人気が重要となるジョコ・ウィドドとドゥテルテについては、なぜ前者は反汚職のクリーンなイメージが支持され、後者は暴言を含む強権的なスタイルが支持されるのか。

民主主義の時代にあっては、政治指導者は有権者からの支持を得なくてはならず、また議会、裁判所、マスメディアによる一定のチェックも受けることになる。これらの機関によるチェックに対していかに対処してきたのか。これらの点も含め、4か国の指導者の共通点と相違点について分析を行い、21世紀における東南アジア諸国の新しい政治指導者の特徴と課題を描き出す。

2　21世紀における民主化の課題

著名な米国の政治学者サミュエル・ハンチントンは、世界の民主化を3つの波に区分し注目を集めた。ハンチントンによると、第一の波が、1828年から1926年の期間であり、100年間に30か国以上の国が民主化したとされる。第一の波に乗って民主化した国には、米国、フランス、スイスなどが含まれる。第二の波が、第二次世界大戦後の1950年から1960年にかけての時期であり、旧西ドイツ、イタリア、日本、ブラジルなどが含まれる。そして第三の波が、1970年代から1980年代後半の冷戦終結までの時期とされる。南欧の独裁国の民主化を契機に、ラテンアメリカ諸国、共産圏諸国、アフリカ、そしてアジア諸国へと民主化の流れが伝播したとされる。民主化の波の発生要因としては、①民主主義的な価値の広まり、②1960年代以降の世界的経済成長と都市部中間層の拡大、③マスメディアの発達による民主化への圧力の「雪だるま式効果」などが指摘されている。

民主化に関する研究では、民主化は権威主義体制から民主主義体制への「移行」そして「定着」へと進むと想定されてきた。1990年代初頭、世界的な民主化の進展については楽観的な見方が広ま

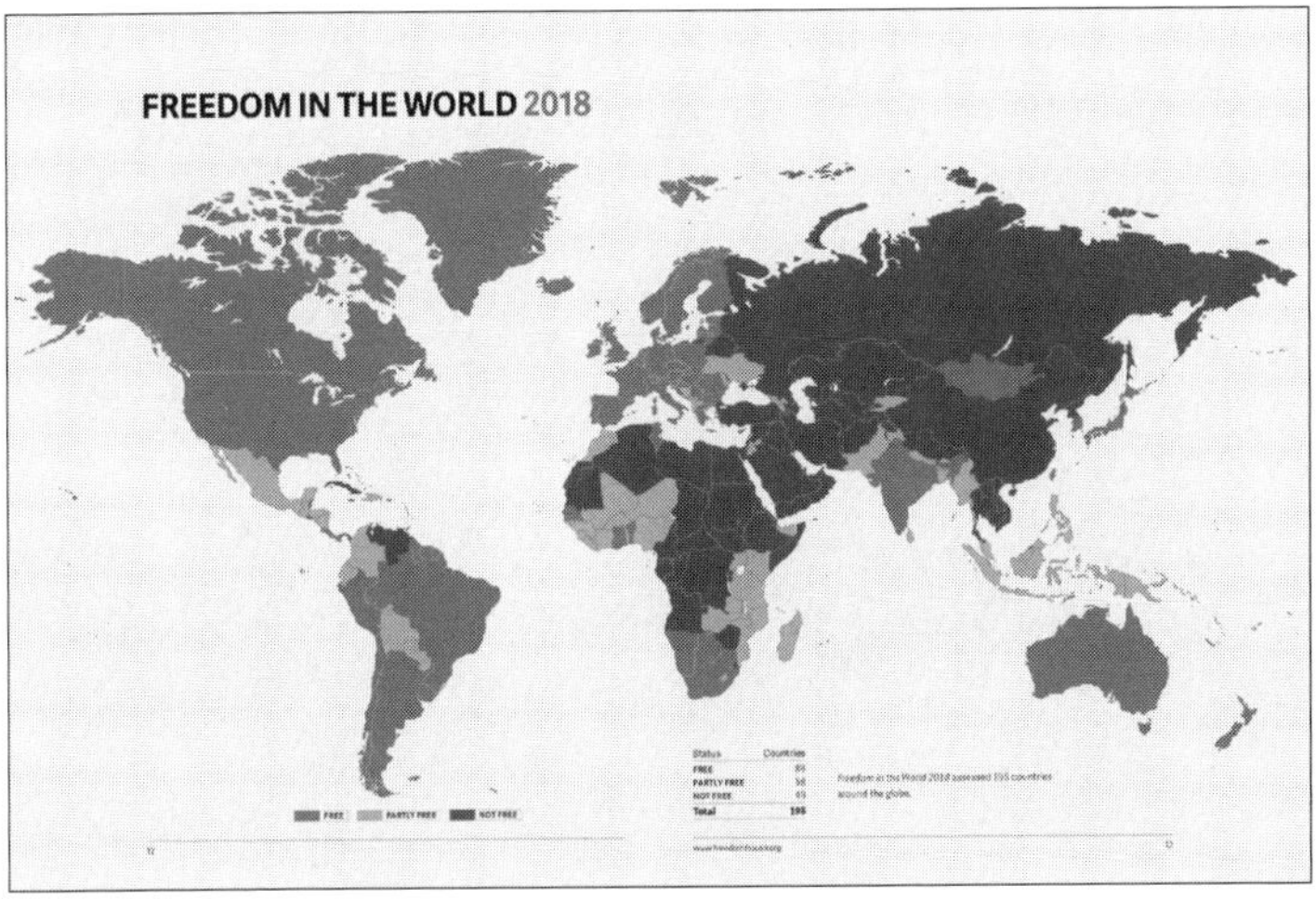

出典）フリーダム・ハウスホームページより。https://freedomhouse.org/.
注：中程度の網掛け＝「自由」、薄い網掛け＝「部分的自由」、濃い網掛け＝「非自由」。

り、主たる関心事は「移行」から「定着」へと移っていた。

現在、世界的な民主化の状況はどのようであろうか。世界各国の政治的権利および市民的自由について毎年ランキングを発表しているフリーダム・ハウスの最新の指標を見てみよう。フリーダム・ハウスによれば、「自由」、「部分的自由」、「非自由」の3つのカテゴリーのうち、「自由」に分類される国は45％、「部分的自由」が30％、「非自由」が25％となっている。つまり約半数の国は、政治的権利または市民的自由に問題を抱えている状態である。また　地域間の差が大きく、欧州地域では、86％の国が「自由」、12％の国が「部分的自由」、残りの国が「非自由」に分類されている。これに対して中東・北アフリカ地域では、67％もの国が「非自由」に分類されており、「部分的自由」が22％、「自由」が11％となっている。日本を含むアジア太平洋地域は、「自由」とされる国が46%、「部分的自由」が33%、そして「非自由」が21%である。具体的には、「自由」に分類された国は日本、韓国、台湾のみであり、東南アジア地域については「部分的自由」に分類される国が多い点が特徴的である。

またフリーダム・ハウスのレポートでは、2006年から2017年までの12年間のデータを比較したところ、政治的権利および市民的自由のスコアが悪化している国の数が、改善している国の数を大幅に上回っている事実が指摘されている。いったい何が起こっているのだろうか。

同レポート内で民主主義の脅威として言及されているのは、ポピュリスト政治指導者の登場である。ポピュリスト政治指導者は、移民に対する敵対的な感情を煽り、政治的および市民的自由を低下させたと糾弾されている。また米国の民主主義推進のための支援からの撤退、ロシアや中国による反民主主義的な影響の拡大についても問題であるとして言及がなされている［Freedom House 2018］。

ヒューマン・ライツ・ウォッチのレポートでも、同様の問題が指摘されている。同レポートは、人権保護を阻害する問題として、新しいポピュリスト政治指導者の登場を挙げている。同レポートは以下のように説明している。ポピュリスト政治指導者は「人民」のためだと主張し、人権を「多数派の意思」という概念に対する障壁、認識される脅威や悪魔から国家を守るための不必要な障害として扱っている。彼らは、人々の現状に対する不満、例えば技術革新や世界経済からの遅れ、増大する不平等に対する不満などを利用して登場しており、このような政治指導者の登場は世界的に観察できる現象となっている。民主主義や人権といった価値観の普及を先導してきた西欧の政治指導者も、一部の例外を除いて人権という価値に対する信頼を失っている。そして「不寛容の政治」の到来を象徴したのが、米国のトランプ大統領の選挙戦であった。トランプは、米国人の経済不況や多文化社会化への不満に訴え、移民や障がい者を始めとするマイノリティを攻撃した。同様の政治的傾向は西欧世界以外にも拡大しており、ロシアや中国は政権に対して批判的な声を弾圧し続けている。

また同レポートは、ポピュリスト政治指導者の登場は、同時に強権的政治指導者「ストロングマン」の再登場でもあると指摘している。彼らは「多数派の見解」を主張することにためらいがなく、反対者に対しては容赦なく征服を試みると指摘する。同レポートは、人々は熱狂してストロングマンを支持すると指摘したうえで、強権的支配が孕む危険性について、ロシア、中国、ベネズエラなどを例に挙げて警告を発している［Human Rights Watch 2017］。

２つの組織のレポートは、いずれも多数派の意思を掲げて少数者の人権を蹂躙する強権的政治指導者の登場を取り上げ、現在の民主主義の問題として注目している。しかし、新たに登場した強権的政治指導者たちは、共産主義国や軍事クーデタによって政権交代が起こった国を除くと、選挙を通じて有権者により選ばれた指導者である。有権者は、なぜポピュリスト的または強権的な政治指導者を選んだのだろうか。彼らの登場は、先進国の民主主義や新興国の民主化に対して、今後どのような影響を与えうるのだろうか。これらの点に関しては、学術的研究テーマとしても注目を集めており、新たな強権政治の特徴や登場の背景、民主主義を破壊していく過程などについて研究が発表され始めているところである［Case 2010; Steven Levitsky and Daniel Ziblatt 2018］。

ストロングマンの登場が世界的な現象であるとしても、その登場の背景や民主化への影響については、地域や国を超えて共通する要因と異なる要因の両方が存在することが予想される。よって各国の歴史的背景、政治経済社会の構造、選挙などに関する制度、有権者の特性などについて詳細な検証を行う必要があるだろう。

3　21世紀東南アジアにおける新しい強権政治の登場

(1) 冷戦期の「開発独裁」

本章の冒頭で触れたように、東南アジア諸国は冷戦期に独裁政権による長期支配を経験しており、強権政治の伝統を持つ地域である。東南アジア地域の歴史を簡潔に振り返りつつ、「開発独裁」の登場の経緯について確認しておこう。

現在、東南アジア地域には、大陸部5か国（タイ、ミャンマー、ラオス、カンボジア、ベトナム）および島嶼部6か国（マレーシア、シンガポール、インドネシア、ブルネイ、フィリピン、東ティモール）が存在する。このうち、2002年にインドネシアから独立した東ティモールを除く10か国は、アセアン（東南アジア諸国連合）に加盟している。

東南アジアは、地理、宗教、文化など、様々な点で多様性を持つ地域であるが、歴史を振り返ると共通点も多い。タイ以外の国は、いずれも欧米列強による植民地支配を経験している。欧米列強により東南アジアは、①オランダ領東インド、②英領マラヤ、③英領ビルマ、④仏領インドシナ、⑤米領フィリピン、⑥タイ（1939年まではシャム）の6つの地域に分割された。マレーシア、インドネシア、フィリピンといった島嶼部では、輸出用の商品作物を栽培する大規模な企業的農園（プランテーション）が作られた。第二次世界大戦後、各国が独立した後に国有化が進んだが、プランテーション自体は存続したため、大土地所有による土地の寡占が進み農民は貧困に喘いだ。またプランテーションや鉱山労働者として、中国南部から中国人、南インドからタミール人が流入したため、現地社会にとって異質な移民コミュニティが形成された。特に英国は、分割統治政策をとり民族集団同士を対立、競合させたため、現在の東南アジアにおける民族問題の一要因となっている。

第二次世界大戦中には、日本軍が東南アジアのほとんどの地域を占領下に置いた。それまでに欧米列強からの独立を目指す抵抗運動が組織されていたが、彼らの中には日本を利用して民族独立を図ろうとする指導者も出現した。

第二次世界大戦後は、各国が独立、そして国家建設に取り掛かった。しかし各国とも問題が山積していた。まず中央・地方の行政の再編が必要であるうえに、徴税制度が未整備であった。また、宗主国と現地の支配層が結びつき特権層を形成していたため、少数の富裕層と大多数の農民・労働者に分化しており、共産主義勢力の拡大に繋がった。加えて英国の旧植民地では、分割統治の結果、少数派の民族や宗教集団が反乱を起こし分離運動が起こった。議会や政党も未熟であり、国民からの支持を得るために買収、暴力、時には社会対立を煽るなどした。議会は調整ではなく、対立の場となった。

東南アジア各国が国家建設に苦心する中で、１９４９年10月１日に中華人民共和国が誕生した。米国は「ドミノ理論」を掲げ、共産主義拡大の阻止を米国のアジア政策の主要目標と定めた。東南アジアは冷戦の戦場となり、自由主義陣営と社会主義陣営に分断された。１９５４年７月にジュネーヴ協定が締結され、北ベトナムは社会主義陣営、南ベトナムは自由主義陣営となった。米国は「ドミノ理論」を盾に、南ベトナムへの介入を本格化させ、経済および軍事援助を強化した。これ以降、ベトナムのみならず、多くの国の歴史に冷戦の傷跡が刻まれることとなった。米国は親米政権を支援し、共産主義傾向のある政権の打倒を後押しした。冷戦期の東南アジア諸国における政変には、米国の影響力が色濃く影を落としている。

植民地支配により拡大した富裕層と貧困層との格差、多民族社会の登場、独立・国家建設時の混乱、冷戦期の共産主義勢力との戦いと米国の介入、これらは東南アジア諸国の民主化にとってマイナスの要因となった。第二次世界大戦後から1960年代にかけて、多数の国において、米国の軍事援助と経済支援に支えられ、反共の独裁政権「開発独裁」が樹立された。これらの政権は、1980年代から90年代まで命脈を保った。国民の政治的・市民的自由は制限され、軍事独裁政権や一党独裁政権などが長期支配を行った。

開発独裁の下では、選挙が定期的に実施されたとしても政治的自由が抑圧されていたため、政治体制としては権威主義体制であった。統治形態は大きく分けて、軍事政権または軍の力を背景とする支配と、一党優位体制による支配に分類することができる。前者は、タイのサリットとタノーム（1958年～1973年）、インドネシアのスハルト（1965年～1998年）、フィリピンのマルコス（1965年～1986年）、後者は、シンガポールのリー・クアンユー（1965年～1990年）、マレーシアのマハティール（1981年～2003年）が該当する。いずれも超長期政権であり、またマレーシアのマハティール以外は、米国の共産主義勢力との戦いが最も激しかった時期に誕生した政権であることが分かる。

開発独裁を支えたものは、米国からの軍事援助・経済援助だけではなく、日本などの先進国からの投資も含まれた。開発独裁は、反共を口実に強権的支配を行っただけではなく、経済開発を通じて国民の生活水準の向上を進めることを謳っていた。遅れた国家や社会を発展させ近代化させるという大義名分が支配の正当性を支えた。長期にわたる植民地支配のため遅れていた国づくりを、強権的な支配によって推し進めたのであった。

しかし超長期支配を誇った開発独裁も、1990年前後から順次終焉を迎えた。その要因として、①国際社会の新潮流、②国内政治社会の変容、③国内経済社会の新しい現象の3点が指摘されている。1つ目の国際社会の新潮流とは、米国の第三世界に対する姿勢の変化を指す。ソ連が崩壊し冷戦が終焉を迎えるとともに、米国の対外政策の方針は、反共から民主主義や市場経済の促進へと変化した。2つ目の国内政治社会の変容とは、経済成長の結果として登場した都市部中間層を指す。中間層の成長とともにマスメディアも発達した。彼らは軍事政権や権威主義体制に対して批判的な意見を持ち、市民的・政治的自由を求めるようになった。3つ目の国内経済社会の新しい現象とは、国内で誕生した企業家たちを指すとされる。彼らは政府からの細かい介入を嫌い、より自由なビジネス環境を求めるようになったといわれる［岩崎 2017: 165-167］。これらの条件が重なり、1986年のフィリピンのマルコス政権崩壊を皮切りに、開発独裁は一部の例外を除いて順次終焉を迎えた。

（2）21世紀の新しい強権政治

では、21世紀の東南アジア政治はどのような状況であろうか。タイでは、２００６年と２０１４年にクーデタが起こったが、２００６年クーデタまでは選挙が定期的に実施され、有権者により政権が選択される時代となっていた。軍事独裁政権による統治期間が長かったインドネシアも、選挙によって大統領や国会議員が選ばれる体制が継続している。２００４年からは大統領直接選挙制が導入されている。また統一マレー人国民組織（ＵＭＮＯ）の一党優位体制による支配が続くマレーシアでも、近年は選挙制度改革を求める「ブルシ運動」が大衆デモを実施するなど、徐々に変化が起こっている。フィリピンも、マスコス政権のような戒厳令布告による独裁的統治などは生じずに、選挙による政権交代が継続している。では、これらの国では概ね順調に民主化に向かっているのだろうか。

改めて前述のフリーダム・ハウスのデータを確認してみよう。日本を含むアジア太平洋地域は、「自由」とされる国が46％、「部分的自由」が33％、そして「非自由」が21％であった。具体的には、「自由」に分類された国は日本、韓国、台湾のみであり、東南アジア地域については「部分的自由」に分類されているのが、フィリピン、マレーシア、インドネシア、シンガポール、そしてミャンマーであり、「非自由」に分類されているのが、タイ、ラオス、カンボジア、ベトナム、ブルネイである。東南アジア諸国の政治的特徴は、中間的な位置づけの「部分的自由」に分類される国の比率が他地域よりも高い点にある。また、エコノミスト・インテリジェンス・ユニットが発表している指標でも、同地域は「欠陥のある民主主義」もしくは「混合政治体制」のいずれかに分類されている国が多く、民主主義でも権威主義でもない、より曖昧な政治体制を取っている国が多いことが分かる。

21世紀の東南アジア諸国でも強権的な政治指導者「ストロングマン」が登場し、注目を浴びている。前述のヒューマン・ライツ・ウォッチのレポートの中では、フィリピンのドゥテルテ大統領とマレーシアのナジブ首相について言及がなされている。この他には、タイのタックシン元首相やカンボジアのフン・セン首相などを挙げることができる。また、庶民的で清廉なイメージを持ち、東南アジア民主化の希望だと思われてきたインドネシアのジョコ・ウィドド大統領も、２０１７年７月に警察官に対して強硬な麻薬取り締まりを指示したことなどにより、その強権性を指摘する声が上がりつつある。21世紀の東南アジア諸国では、制度的には民主化が進み、選挙によって政権が選択されるようになった。しかし、そのことは必ずしも民主主義の「質」を保障するわけではなかった。

冷戦期の開発独裁は、米国からの支援を受け、反共や開発を大義名分として独裁支配を行うことが可能であった。しかし前述のように１９９０年以降は、開発独裁を支えた要素は消滅している。なぜ一旦民主化に向かったはずの東南アジア諸国において、現在も市民的・政治的自由を制限する政権が多数存在するのであろうか。

冷戦期の開発独裁は、国際情勢や大国の思惑や軍の力を背景に誕生した。しかし、21世紀に登場した強権的政治指導者は、有権者により選ばれて登場している。もちろん、選挙制度や選挙の中立性や公正性についても議論の余地があるが、21世紀に入ってからは、タイ、フィリピン、インドネシアでは選挙により政権交代が起こっている。また、ＵＭＮＯが超長期支配を継続しているマレーシアでも、２００８年および２０１３年の総選挙では野党が健闘した。つまり、有権者の意思が選挙結果に著しく反映されないという状況ではない。

選挙によって政権が選択されるのであるから、政治家は有権者から一定の支持を得なければ政権を掌握することはできない。ここで1つの問いが生まれる。それは「東南アジア諸国の有権者は、なぜ人権侵害などを行う（行う可能性のある）指導者を、選挙において選択しているのか。それは、なぜなのか」という疑問である。

1つの鍵となるのは、既得権益層との戦いであろう。列強による植民地支配などを経て、各国とも既得権益層が政治的経済的リソースを独占してきた。タイとインドネシアは、軍人や文官といった公務員勢力が政権を掌握してきた。また経済格差も大きく、特にタイは首都バンコクと地方との間の大きな格差が問題となってきた。フィリピンでは、富裕層による大土地所有と農民の没落が長年の問題となってきた。また地域主義が強く、有力一族によって政治権力が独占されてきた。マレーシアは、民族問題が政治を左右してきた。人口としてはマジョリティであるマレー人が経済的には劣位に立ってきた。これらの国々においては、有権者が求めるものは、必ずしも民主主義的な理想だけではない。時には強権的な方法であっても、早急に解決が求められる問題が存在するのも事実である。

新しい強権的政治指導者、つまりストロングマンたちの多くは、既得権益層に対する有権者の不満を背景に政治権力を掌握し、「民主主義」や「正義」を唱えながら、強権的支配を有権者に受け入れさせている。政治指導者の個人的な経歴としては、既得権益層の枠外から登場している場合もあるし、政治指導者自身の経歴はエリートであっても、有権者に対して自らを既得権益層に挑戦する新たなエリートとして描く場合もありうる。いずれにしても、彼らの支配の正当性の源泉は、選挙での勝利と世論調査で示される有権者の支持率の高さであり、「ポピュリスト」であると形容されることも多い。

近年では、米国のトランプ大統領も「ポピュリスト」と形容される。日本では小泉純一郎元首相を指して「ポピュリスト」と呼ぶ人々もいる。しかし、米国や日本は、前述のフリーダム・ハウスの指標によると「自由」に区分される国である。トランプの統治が強権的であるとしても麻薬撲滅戦争で自国の国民を多数殺害することはない。他方、本書で取り上げる東南アジア諸国は「部分的自由」または「非自由」に分類される国である。つまり政治指導者の強権発動によって、国民が非合法的に殺されたり報道の自由が著しく制限されたりする国なのである。ともにポピュリスト的特徴を持つが、強権性という部分で両者の間には程度の差が存在する。

本書では、21世紀の東南アジア諸国に登場した4名のストロングマンについて、様々なアプローチから分析を行い、新しい強権的政治指導者たちの特徴を描き出す。また、これらの作業を通じて、各国における民主化の課題や今後の展開について考察を行う。

4　各国の政治史——タイ、インドネシア、マレーシア、フィリピン

〈タイ王国〉

タイは、唯一欧米列強による植民地支配を受けなかった。そのため他の東南アジア諸国では、宗主国と結びついた大地主や実業家が既得権益層を形成したのとは異なり、タイでは、王室を中心として軍部と文官が政治権力を掌握し、華人系実業家が彼らと結びついた。１９３２年に絶対王政が人民党

（軍人と文官）により打倒されたのちは、1980年代まで軍部の政治的影響力が強い時代が続いた。この背景には、米国による反共のための軍事援助および経済支援もあった。

1932年立憲革命以降、しばらく人民党による支配体制が続いた。長期にわたり政権を担当したのは、人民党メンバーの軍人プレーク・ピブーンソンクラームであった。第二次世界大戦前と後に首相を務めた。1958年にサリット・タナラットがクーデタを起こしてから1973年までは、親米の軍事政権が独裁支配を行った。サリットからタノーム・キッティカチョーンに受け継がれた軍事政権が統治していた期間は、長期にわたり恒久憲法が存在しなかった。暫定憲法の規定に基づき、首相が国家の三権（行政権、立法権、司法権）を独占する独裁体制であった。1973年10月に学生革命が起こり、一旦は民主化されたが、その後に共産主義の嵐が吹き荒れたことから、すぐに保守派による揺り戻しが起こった。1976年および1977年に連続して2度クーデタが起こり、1978年から1988年までの期間は、民選の下院、非民選の軍部出身の首相、非民選の上院が権力を共有する「半分の民主主義」と呼ばれる体制となった。1990年代以降は、選挙によって首相が選ばれる民選政権の時代となった。2001年には第2章で取り上げるタックシン・チナワットによる政権が登場したが、2006年および2014年に2度クーデタが起こり、現在は再び軍事暫定政権による統治が継続中である。

このようにタイは、王室の権威を背景に、軍人および文官による公務員勢力が長きにわたり政権を掌握してきた国である。また中央集権化された国であり、政治および行政は首都のバンコクを中心として意思決定がなされ、地方は一貫して蚊帳の外であった。他方で、地方においては、違法ビジネス

表1 タイ王国の首相一覧

代	在任期間	氏名	所属政党	出身
1	1932年12月10日～ 1933年6月20日	プラヤー・マノーパコーンニティターダー		法曹 (裁判官)
2	1933年6月21日～ 1938年12月15日	プラヤー・パホンポンパユハセーナー	人民党	軍人
3	1938年12月20日～ 1944年8月1日	プレーク・ピブーンソンクラーム（第1次・2次）	人民党	軍人
4	1944年8月1日～ 1945年8月31日	クワン・アパイウォン（第1次）	人民党	文官
5	1945年8月31日～ 1945年9月17日	タウィー・ブンヤケート	人民党	文官
6	1945年9月17日～ 1946年1月13日	モムラーチャウォン・セーニー・プラモート（第1次）		法曹、文官
7	1946年1月31日～ 1946年3月24日	クワン・アパイウォン（第2次）	人民党	文官
8	1946年3月24日～ 1946年8月23日	プリーディー・パノムヨン	人民党	文官 (法曹資格)
9	1946年8月23日～ 1947年11月8日	タワン・タムロンナーワーサーワット	人民党	軍人
10	1947年11月10日～ 1948年4月8日	クワン・アパイウォン（第3次）	民主党	文官
11	1948年4月8日～ 1957年9月16日	プレーク・ピブーンソンクラーム（第3次～8次）	人民党	軍人
12	1957年9月21日～ 1957年12月26日	ポット・サーラシン		法曹
13	1958年1月1日～ 1958年10月20日	タノーム・キッティカチョーン(第1次)		軍人
14	1959年2月9日～ 1963年12月8日	サリット・タナラット		軍人
15	1963年12月9日～ 1973年10月14日	タノーム・キッティカチョーン(第2次)		軍人
16	1973年10月14日～ 1975年2月26日	サンヤー・タンマサック		法曹 (裁判官)
17	1975年2月26日～ 1975年3月14日	モムラーチャウォン・セーニー・プラモート（第2次）	民主党	法曹、文官
18	1975年3月14日～ 1976年1月12日	モムラーチャウォン・ククリット・プラモート	社会行動党	作家 ※第6代17代19代首相弟
19	1976年4月20日～ 1976年10月6日	モムラーチャウォン・セーニー・プラモート（第3次）	民主党	法曹、文官
20	1976年10月8日～ 1977年10月19日	ターニン・クライウィチエン		法曹 (裁判官)

表1　タイ王国の首相一覧（続き）

代	在任期間	氏名	所属政党	出身
21	1977年11月11日～ 1980年3月3日	クリエンサック・チョマナン		軍人
22	1980年3月3日～ 1988年8月4日	プレーム・ティンスーラーノン		軍人
23	1988年8月4日～ 1991年2月23日	チャートチャーイ・チュンハワン	国民党	軍人
24	1991年3月2日～ 1992年3月23日	アーナン・パンヤーラチュン（第1次）		文官
25	1992年4月7日～ 1992年5月24日	スチンダー・クラープラユーン		軍人
26	1992年6月10日～ 1992年9月23日	アーナン・パンヤーラチュン（第2次）		文官
27	1992年9月23日～ 1995年5月24日	チュワン・リークパイ（第1次）	民主党	法曹
28	1995年5月24日～ 1996年12月1日	バンハーン・シラパアーチャー	国民党	実業家
29	1996年12月1日～ 1997年11月9日	チャワリット・ヨンチャイユット	新希望党	軍人
30	1997年11月9日～ 2001年2月9日	チュワン・リークパイ（第2次）	民主党	法曹
31	2001年2月9日～ 2006年9月19日	タックシン・チナワット	タイ愛国党	実業家（元警察官）
32	2006年10月1日～ 2008年1月29日	スラユット・チュラーノン		軍人
33	2008年1月29日～ 2008年11月9日	サマック・スントラウェート	人民の力党	マスメディア
34	2008年11月17日～ 2008年12月2日	ソムチャーイ・ウォンサワット	人民の力党	法曹、文官（裁判官）※第31代首相妹の夫
35	2008年12月15日～ 2011年8月5日	アピシット・ウェーチャチーワ	民主党	大学教員
36	2011年8月5日～ 2014年5月7日	インラック・チナワット	タイ貢献党	実業家 ※第31代首相妹
37	2014年5月22日～ 現在	プラユット・チャンオーチャー		軍人

出典）筆者作成。
注：「出身」とは政界入り前の職業等を指す。

も手掛ける影響力者たちが幅を利かせていた。選挙時には、政治家は彼らが持つ集票ネットワークに頼らなければならなかった。そのため軍事政権であっても、選挙の結果をコントロールすることはできず、軍主導の政府党による支配体制は構築できなかった。タイでは小党が乱立し、過半数に迫るような大政党は、第2章で取り上げる実業家タックシン（元警察官）のタイ愛国党が登場するまで存在しなかった。そのため政権は常に連立政権であり不安定であった。

また経済的な貧富の格差も大きく、特に首都および周辺地域と地方との間で差が大きい。地方住民の多くは農業に従事してきたが、最も人口が多い東北部（イサーン）は地質や天候の問題もあり、長らく貧困に苦しんできたことで知られる。

〈インドネシア共和国〉

オランダに植民地支配を受けていたインドネシアは、3年半あまりの日本軍政期を経て、１９４５年8月17日に独立を宣言した。オランダはイギリスの支援を受けて再度占領を試みたが、激しい抵抗を受けた。国際社会もオランダを支持せず、１９４９年12月のハーグ円卓協定により独立が承認された。

初代大統領に就任したのはスカルノであった。スカルノは民族運動、独立運動の中心人物であり、その演説の才能によりカリスマ的な人気を得ていた。しかし初めて行われた１９５５年総選挙では4大政党がそれぞれ20%前後を得票し、勢力は拮抗、互いに対立した。１９６０年には、スマトラ島で起きた反乱に関与したとして、イスラーム系のマシュミ党が解散させられた。スカルノは西欧的な議

表2　インドネシア共和国の大統領一覧

代	在任期間	氏名	所属政党	出身
1	1945年8月18日〜 1966年3月11日	スカルノ		独立運動の指導者
2	1968年3月27日〜 1998年5月21日	スハルト	ゴルカル	軍人
3	1998年5月21日〜 1999年10月20日	バハルディン・ユスフ・ハビビ ※副大統領から昇格	ゴルカル	外国企業勤務
4	1999年10月20日〜 2001年7月23日	アブドゥルラフマン・ワヒド	民族覚醒党	宗教指導者
5	2001年7月23日〜 2004年10月20日	メガワティ・スティアワティ・スカルノプトゥリ ※副大統領から昇格	闘争民主党	政治家 ※初代大統領の娘
6	2004年10月20日〜 2014年10月20日	スシロ・バンバン・ユドヨノ	民主主義者党	軍人
7	2014年10月20日〜 現在	ジョコ・ウィドド	闘争民主党	経営者

出典）筆者作成。
注:「出身」とは政界入り前の職業等を指す。メガワティは政治家以外の職業を経験せず政界入り。

会制民主主義は相応しくないとして、「指導される民主主義」を提唱、次第に権威主義的な色合いを強めた。しかし、経済は混乱し、イスラーム勢力、インドネシア共産党、国軍のあいだの対立は深まっていった。スカルノは共産党からの支持に頼るようになり、その他の勢力の不満が高まった。

１９６５年９月30日、ウントゥン中佐率いる大統領親衛隊が７名の陸軍大将の家を襲撃し、そのうち６名および居合わせた中尉を殺害するという事件が起こった。スハルト少将率いる陸軍戦略予備軍司令部は、事件は共産党による演出だったと発表した。その後、数年にわたり共産党党員やそれと疑われた人々が大量に殺害された。その犠牲者は50万人から１００万人ともいわれる。スハルトは１９６６年３月11日に、スカルノに治安維持の権限を委譲する書類に署名をさせて、実権を握った。その後１９９８年まで32年間にわたり支配を続けた。

スハルトは国軍を掌握した他、事実上の与党ゴルカル（「職能集団」の意）による翼賛的な体制を作りあげた。ゴルカルは総選挙でつねに6割以上を獲得し、多数の任命議員を含む国民評議会によって、スハルトが大統領に再選され続けた。州や県の知事にも軍人や官僚が指名された。スハルトはまた西側諸国との関係を改善させて、援助と投資を呼び込み、安定的な経済発展を実現させた。

支配の長期化は汚職を蔓延させ、スハルトの身内贔屓を助長させた。１９９７年にアジア通貨危機が起こると、通貨ルピアが暴落し、物価が跳ね上がった。体制に不満を抱く学生が反政府デモを展開し、エリート層も離反した。１９９８年5月、スハルト大統領は辞任し、ハビビ副大統領が昇格した。ハビビは民主化改革を進め、１９９９年6月には総選挙が行われた。しかし政変後の数年は不安定な状況が続いた。各地で宗教やエスニシティをめぐる凄惨な紛争が起こった。１９９９年に初めて民主的に大統領に選ばれたアブドゥルラフマン・ワヒドは、議会や国軍との対立によって1年あまりで弾劾された。他方、5度の憲法改正が行われ、民主化改革は進められた。２００４年に導入された大統領直接選挙制によって選ばれたスシロ・バンバン・ユドヨノは、2期10年の安定政権を実現した。そして２０１４年、本書の第5章で取り上げる、庶民出身のジョコ・ウィドドが第7代大統領に就任した。

〈マレーシア連邦〉

マレーシアは、19世紀から英国の植民地として支配を受けてきた。第二次世界大戦後も独立のための交渉は続き、１９４８年にマラヤ連邦が発足し、１９５７年にマラヤ連邦の独立が認められた。１

963年には、シンガポール、サバ、サラワクを加えたマレーシアが誕生した。1965年にシンガポールがマレーシアから分離独立し、現在のマレーシアの姿となった。

マレーシアにも、タイと同様に国王が存在する。しかしマレーシアの国王は、13州のうち9州に存在するスルタン（イスラーム教の君主）が互選によって国王を選出し、5年の任期をもって務めるというものである。また英国はマレーシア全土を連邦州と非連邦州に分け、連邦州ではスルタンの権限を残しつつも、錫やゴムの生産地として発展させるためにほとんどの行政を英国人が握った。そのためマレーシア国王は、タイ国王のような強力な政治的影響力は持たない。軍部については、英国の植民地支配の影響から東南アジアの他国に比べて文民統治が定着しており、タイやインドネシアのように強力な政治的影響力を行使することはない。また経済的には英国資本と中国資本が力を伸ばし、マレー人は経済的に劣位に置かれるようになった。

マレーシアにとっての課題は、①英国からの独立、②複合民族社会におけるマレー人の地位向上であった。マレーシアは、英国の植民地であったため、同じく英国が植民地化していたインドから多数のタミール人が労働者として移住させられた。また錫鉱山の開発のため、中国南部から中国人労働者が流入した。これによりマレー人、中国人、インド人からなる複合民族社会が形成され、深刻な社会的政治的問題となった。

第二次世界大戦後のマレーシアの政治も、インドネシアと同様に独立運動から始まった。1946年5月、統一マレー人国民組織（UMNO）が誕生した。UMNOはマラヤの独立、マレー人やスルタンの権威、国民統一などを求めて戦いを開始した。1948年2月にマラヤ連邦が発足した。この

表３ マラヤ連邦／マレーシア連邦の首相一覧

代	在任期間	氏名	所属政党	出身
1	1957年8月31日～ 1970年9月22日	トゥンク・アブドゥル・ラーマン	UMNO	文官
2	1970年9月22日～ 1976年1月14日	アブドゥル・ラザク	UMNO	文官
3	1976年1月15日～ 1981年7月16日	フセイン・オン	UMNO	イギリス領インド軍参加、文官、警察※UMNO創設者の息子
4	1981年7月16日～ 2003年10月31日	マハティール・ビン・モハマド	UMNO	医師
5	2003年10月31日～ 2009年4月3日	アブドゥラ・バダウィ	UMNO	文官
6	2009年4月3日～ 現在	ナジブ・ラザク	UMNO	国営石油会社職員※第2代首相の息子

出典）筆者作成。
注：「出身」とは政界入り前の職業等を指す。

際に英国は、スルタンの各州の首長としての地域を認め、マレー人の特別な地位を守り、マレー人のイスラームと慣習を守ることを決めた。これに対して、非マレー系の団体は各民族の平等な地位を求めて運動を開始した。１９４６年にはマラヤ・インド人会議（ＭＩＣ）、１９４９年にはマラヤ華人協会（ＭＣＡ）が結成された。

マレーシアは、政府党であるＵＭＮＯが、実質的な一党優位体制により統治を行ってきた。１９５７年のマラヤ連邦初代首相のトゥンク・アブドゥラ・ラーマンから、現在のマレーシア連邦第６代首相であるナジブ・ラザクまで、全てがＵＭＮＯの政権である。また初期に活躍した、初代首相のラーマン、第２代首相のラザク、第３代首相のフセイン・オンは、いずれも英国留学経験を持つ点で共通している。ラーマンは独立運動で頭角を現した人物、ラザクは法曹の資格を持つ政治家、フセイン・オンは警察で勤務した経験を持つが政治家としてのキャリアが長い。第4代首相のマハティールは、シンガポールの大学を卒業した医師である。第5代首相のアブドゥラは、宗教家の家に生まれ、大学卒業と同時にUMNOの政治家となった。本書の第4章で取り上げる第6代首相のナジブ・ラザクは、第2代首相の長男であり、英国の大学で学位を取得している。マレーシアでは、タイやインドネシアの政治指導者とは異なる背景を持つ人物が首相に就任していることが分かる。

〈フィリピン共和国〉

フィリピンは、東南アジア諸国の中では最も民主主義の歴史が長く、「アメリカ民主主義のアジアにおけるショーケース」とも形容される。フィリピンは、1571年からスペインにより統治されてきたが、米西戦争の結果、1898年からは米国の統治を受けるようになった。米国による統治の下で、1907年にフィリピン議会が開設された。そして議会選挙で勝利を収めた国民党が米国議会に働きかけたことにより、1934年にフィリピン独立法が制定され、1946年の独立が認められた。途中、日本軍による占領期間を経たが、予定通り1946年7月4日にフィリピン共和国に独立が与えられた。独立後は4年ごとに（1986年の民主化後は6年ごとに）大統領選挙が実施され、選挙による政権交代が続いてきた。しかし、三権分立が確立され報道の自由はあるものの、順調な民主化の道を辿ったわけではない。

フィリピンは、スペインによる統治を約300年も経験している。スペイン統治下において、きわめて不平等な大土地所有制が形づくられ、「エリート支配」というフィリピン政治の特徴の起源となった。18世紀末に世界経済に組み込まれたフィリピンでは、修道会、スペイン人や華人のメスティーソ（現地人との混血者）が、大規模な商品作物栽培のために土地を収奪し大規模農園を作った。大土地所有者であるメスティーソらが、地方エリート層を形成するようになった。他方、農民は土地を失い没落した。19世紀末になると革命運動が起こるようになったが、地域主義や階級差別などにより組織内部での争いが起こった。

１８９８年にスペインから米国による統治に変わったが、地域主義は根強く残り、また中央から地方までの要職は有産階級により独占された。米国は１９０２年から地方選挙を実施したが、各地の地方エリートが町長や州知事といった公職に就いていった。１９０７年には早くもフィリピン議会が開設されたが、これにより地方エリートは国政にも進出し、植民地国家に集中していた権限と財源を獲得した。米国が導入した地方自治、議会制民主主義は、フィリピン社会の特権階級を温存するエリートの民主主義であった。また米国は、フィリピンにとって深刻な問題である地主の大土地所有についても放置した。

１９４６年の独立後も米国の政治的影響は継続した。米国は、フィリピンを反共世界戦略の最前線基地と位置付け、フィリピンの４軍に対して援助を開始した。フィリピン共和国（第三共和政）の第３代大統領であるマグサイサイは、共産主義系の反政府組織であるフク団を壊滅させたことが評価され、１９５３年に米国の後押しで大統領に就任した。マグサイサイは農地改革を試みたが、政府および国会は地主階級の影響力が強く、改革は失敗に終わった。

１９６５年、フェルディナンド・エドラリン・マルコスが大統領となった。マルコスは軍部を政治

表4　フィリピン自治領・共和国の大統領一覧

代	在任期間	氏名	所属政党	出身
フィリピン自治領政府				
1	1935年11月15日〜 1944年8月1日	マニュエル・ケソン	国民党	法曹
2	1944年8月1日〜 1946年5月28日	セルヒオ・オスメニャ	国民党	独立運動家の活動家、法曹資格有
3	1946年5月28日〜 1946年7月4日	マニュエル・ロハス	自由党	大学教員
フィリピン共和国				
1	1946年7月4日〜 1948年4月15日	マニュエル・ロハス	自由党	大学教員
2	1948年4月15日〜 1953年12月29日	エルピディオ・キリノ	自由党	法曹
3	1953年12月30日〜 1957年3月17日	ラモン・マグサイサイ	国民党	抗日ゲリラ
4	1957年3月17日〜 1961年12月29日	カルロス・ガルシア	国民党	教師
5	1961年12月30日〜 1965年12月29日	ディオスダド・マカパガル	自由党	法曹、文官
6	1965年12月30日〜 1986年2月26日	フェルディナンド・マルコス	国民党 新社会運動	法曹資格有
7	1986年2月25日〜 1992年6月29日	コラソン・アキノ		※上院議員の妻
8	1992年6月30日〜 1998年6月29日	フィデル・ラモス	ラカス	軍人
9	1998年6月30日〜 2001年1月20日	ジョセフ・エストラーダ		俳優
10	2001年1月20日〜 2004年6月29日	グロリア・マカパガル・アロヨ	ラカス	大学教員 ※第5代大統領の娘
11	2010年6月30日〜 2016年6月30日	ベニグノ・アキノ3世	自由党	会社員 ※第7代大統領の息子
12	2016年6月30日〜 現在	ロドリゴ・ドゥテルテ	フィリピン民主党・国民の力	法曹

出典）筆者作成。
注：「出身」とは政界入り前の職業等を指す。

の主役として使い、軍部の規模や予算を飛躍的に拡大した。しかし、マルコスは有力一族の出身でなかったため、レイテの有力一族出身であるイメルダ夫人が選挙においては重要な役割を果たした。マルコスは１９７２年９月に戒厳令を布告し、自らに権力を集中させた。非民主的な政権であったが、米国は戒厳令前後からフィリピンへの援助を増額した。マルコス政権の時代に、軍部やテクノクラートの役割は拡大し、反対に従来の支配層である地主や有力一族の私兵団については武力解除を行った。

１９８６年にピープルパワー革命によりマルコス政権は崩壊し、コラソン・アキノ大統領が就任した。しかしこの革命の結果は、有力一族の復権であった。表４に示したように、フィリピンの大統領で軍部出身であるのは、ラモスのみである。フィリピン大統領の場合、大学の法学部を卒業し、法曹としての経験などを経て政治家となった者が多い。軍部が重要な政治アクターであったタイやインドネシアとは異なり、フィリピンでは、有力一族の出身か否かという点が一つの着目点となる。

5　本書の構成

本書の構成は以下の通りである。本章に続く第2章では、２００１年から２００６年まで政権を担当したタイのタックシン・チナワット元首相について論じる。本書で扱う4名の政治指導者のうち、唯一現職ではない人物である。２００６年クーデタにより政権を打倒されたが、数々の革新的な選挙戦術や政策を打ち出し、強権的な統治スタイルも含めて、他国の政治指導者にも多大なる影響を与えているると思われる。また現在でも、プラユット軍事暫定政権から、その政治的影響力について恐れられ続けている。なぜタックシンは、クーデタによる追放後約10年が経過した今でも恐れられ続けるのか。この問いについて、外山は「ポピュリズム」の観点から分析を試みる。

第3章では、フィリピンのロドリゴ・ドゥテルテ大統領について取り上げる。ドゥテルテは、その暴言と人権侵害も意に介さない強硬な麻薬撲滅戦争で注目されている。その統治スタイルは、タックシンと共通する要素があるとして注目され始めている。ドゥテルテの父親はマルコス政権時に閣僚を務めた経験を持つが、いわゆる有力一族の出身ではない。ドゥテルテは、大学院卒業後は検察官として勤務した経験を持つ一方で、自らが犯した殺人事件を告白するなど常識の枠を飛び越えた人物である。しかし彼は現在も高い支持率を誇る。なぜ有権者はドゥテルテを支持するのか。この問いに対して、日下は「義賊」という概念を使用して解説を試みる。

第4章では、マレーシアのナジブ・ラザク首相を扱う。ナジブ首相は、第2代首相の長男でもあり政治的にはエリートともいえる。しかし、UMNOを長らく率いてきたマハティール元首相が反ナジブを掲げ、党外からナジブに対して攻撃を行っている。また現在、大規模な汚職問題で国際的にも注目されている。同じく汚職で糾弾されたタックシン元首相は、クーデタによって政権を失った。しかし、ナジブ政権の基盤は揺るぎそうもない。ナジブの強靱さはどこに由来するのか。この問いについて、伊賀は「首相への一層の権力集中と野党の分断状況」という視点から分析を行う。

第5章では、インドネシアのジョコ・ウィドド大統領を取り上げる。前述のようにインドネシアは長らく軍部が強い政治的影響力を保持してきた。また1998年の民主化後も、スカルノ元大統領の娘であるメガワティや、軍部出身のユドヨノが大統領に就任しており、過去の政治権力との連続性が残っていた。これに対して2014年に大統領選挙で勝利したジョコ・ウィドドは、庶民の出身であるため注目を集めた。彼は貧しい大工の家に生まれ、実家がたびたび立ち退きにあうなど幼少期から苦労を重ねた。それでも名門ガジャマダ大学の森林学部に進学した。卒業後は叔父の経営する木工業会社に入社、その後独立した。2005年の初めての直接選挙でスラカルタ市長になると評判を呼び、ジャカルタ特別州知事を経て大統領に就任した。4名の政治指導者の中で最も庶民的で民主的なイメージを持つジョコ・ウィドドであるが、どのように政権を維持しているのだろうか。見市はジョコ・ウィドドのしたたかなイメージ戦略と「強権」に着目する。

なお、本書は研究者や学生のみならず、広く一般社会人の方々にも現在の東南アジア政治をご理解いただくために書かれたものである。そのため参考文献には本文中で引用したもの以外に、読者の方におすすめの文献も記載している。

【参考文献】

〈日本語〉
今井昭夫編集代表『東南アジアを知るための50章』明石書店、2014年
岩崎育夫『入門 東南アジア近現代史』講談社現代新書、2017年

片山裕・大西裕編『アジアの政治経済・入門　新版』有斐閣ブックス、２０１０年
清水一史・田村慶子・横山豪志編著『東南アジア現代政治入門』ミネルヴァ書房、２０１１年
中野亜里・遠藤聡・小高泰・玉置充子・増原綾子『入門　東南アジア現代政治史』福村出版、２０１０年
中村正志編『東南アジアの比較政治学』アジア経済研究所、２０１２年

〈英　語〉

Case, William. 2010. *Contemporary Authoritarianism in Southeast Asia: Structures, Institutions and Agency*. Routledge.
Levitsky, Steven and Ziblatt, Daniel. 2018. *How Democracies Die: What History Reveals About Our Future*. Viking.

〈ホームページ〉

Freedom House
https://freedomhouse.org/report/freedom-world/freedom-world-2018
Human Rights Watch
https://www.hrw.org/world-report/2017/country-chapters/dangerous-rise-of-populism

第2章

〈タ イ〉

タックシンはなぜ恐れられ続けるのか

――滅びないポピュリズムと政治対立構造の変化

外山文子

タックシン・チナワット（2005年）
（出典：U.S. Department of Defence）

1　はじめに

本章では、2006年軍事クーデタにより失脚したタックシン・チナワット元首相が、なぜ現在も多くのタイ人から求められ続け、また同時に恐れられ続けるのかを検討する。

タイは、1990年代には「民主化の優等生」と形容され、選挙によって政権が交代するようになっていた。タイはこのまま民主化の道を進むものと期待されていたが、21世紀に入り新たな問題が浮上するようになった。それは、選挙により選ばれた政権による激しい人権侵害や、マスメディア弾圧を含む強権的な政治の登場という問題である。民主主義の質に関する問題意識、または民主主義への不信の登場ともいえよう。

原因となったのが、2001年から2006年まで政権を担当したタックシン・チナワット首相であった。タックシンを追放するために2006年9月に軍によるクーデタが起こった。しかし、2007年総選挙で再びタックシン派の政党が勝利し、2011年7月にはタックシンの妹のインラック・チナワットが首相に就任した。このため、タックシンの政治的影響力を根絶やしにすべく、軍が2014年5月に再びクーデタを行った。2018年現在、プラユット暫定首相が率いる軍事政権が国家を統治している状態である。現在のプラユット暫定首相は、2019年2月までに総選挙を実施する旨を発表したものの、依然として政治の先行きは不透明な状態のままである。

タックシンを理解するために鍵となるのが「ポピュリズム」（populism）という概念である。タックシンに関する既存研究は多数存在する［Pasuk and Baker 2009; McCargo 2005; 玉田 2005］。多くの研究においても注目されてきたのが、与党タイ愛国党（Thai Rak Thai Party）の政策重視の姿勢である。同党は選挙戦において優れた政策案を提示することを重視し、タイ史上で初めて農村部の有権者をターゲットにした政策を打ち出したこと、経済政策の秀逸さなど、他党には見られない新しさを持っていた。しかし他方で、民選政権でありながら、報道の自由に対する規制や、人権侵害を伴う麻薬討伐を行うなど、強権的な統治スタイルについても知られている。そのためタックシン政権は、農村部に対する「ばら撒き的」政策に対する非難も込めて、しばしば「ポピュリズム」と非難されてきた。

『サヤームラット』（2017年12月8日～14日号）表紙。中央がインラック、右上がタックシン

　多数の国民からの支持を得ると同時に、決して少なくはない一部国民からの猛烈な反発を生んだタックシン政権の「ポピュリズム」は、なぜ登場したのだろうか。どのような性格を持ち、いかなる政治的社会的影響を残したのだろうか。また今後のタイ民主化にどのような影響があるのだろうか。

　既存研究では、タックシンのポピュリズムは、タックシン政権の政策との関係で着目さ

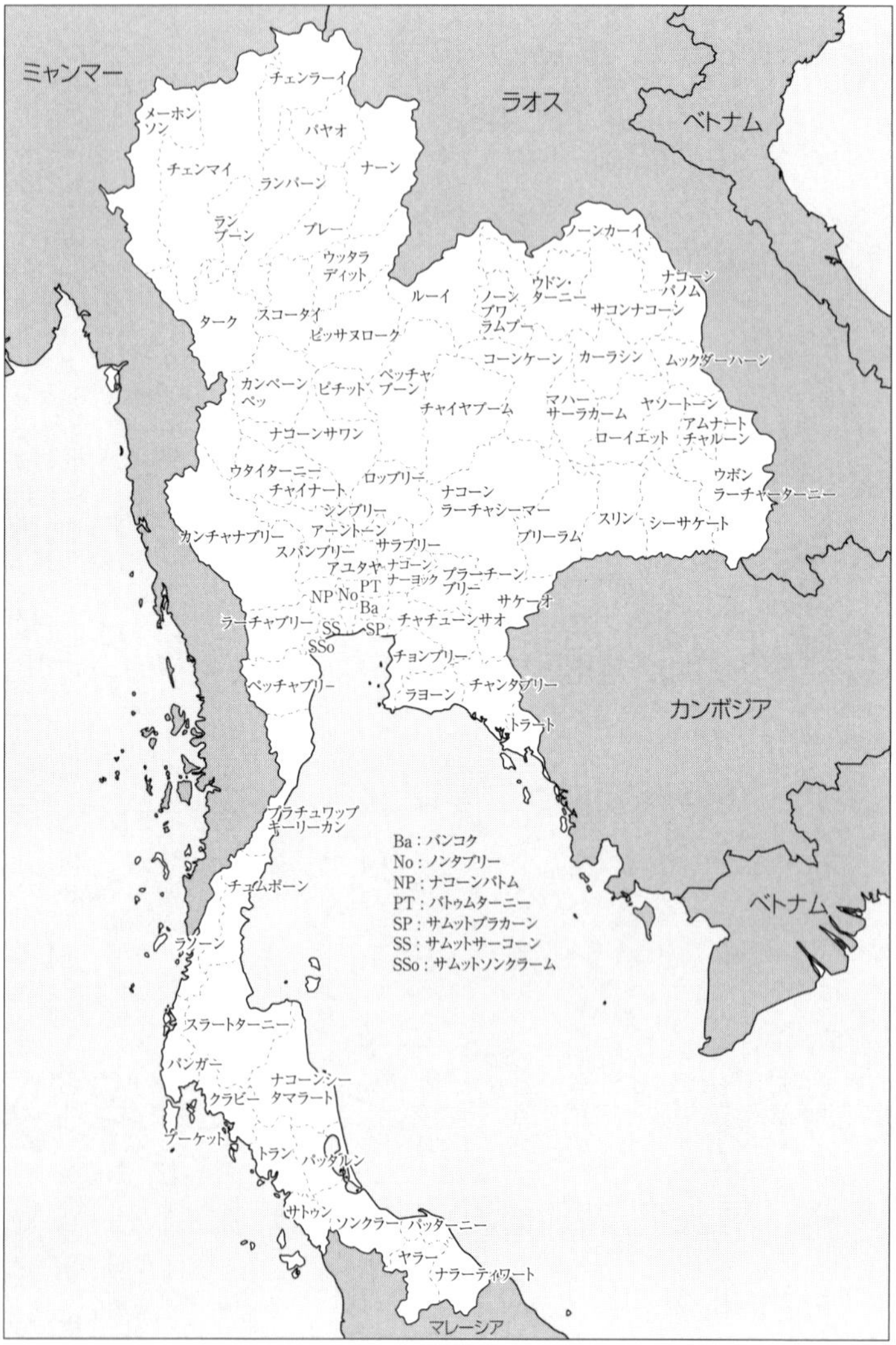
ミャンマー
ラオス
ベトナム
チェンラーイ
メーホンソン
パヤオ
チェンマイ
ナーン
ランパーン
ランプーン
プレー
ウッタラディット
ルーイ
ノーンカーイ
ナコーンパノム
ウドン・ターニー
ノーンブワラムプー
サコンナコーン
ターク
スコータイ
ピッサヌローク
コーンケーン
カーラシン
ムックダーハーン
カンペーンペッ
ピチット
ペッチャブーン
チャイヤプーム
マハーサーラカーム
ヤソートーン
ナコーンサワン
ローイエット
アムナートチャルーン
ウタイターニー
チャイナート
ロッブリー
ナコーンラーチャシーマー
ウボンラーチャターニー
シンブリー
スリン
シーサケート
カンチャナブリー
アーントーン
スパンブリー
サラブリー
ブリーラム
アユタヤ
ナコーンナーヨック
プラーチーンブリー
NP
No
PT
Ba
サケーオ
ラーチャブリー
SS
SP
チャチューンサオ
SSo
チョンブリー
ペッチャブリー
ラヨーン
チャンタブリー
トラート
カンボジア
プラチュワップキーリーカン
Ba：バンコク
No：ノンタブリー
NP：ナコーンパトム
PT：パトゥムターニー
SP：サムットプラカーン
SS：サムットサーコーン
SSo：サムットソンクラーム
チュムポーン
ベトナム
ラノーン
スラートターニー
パンガー
ナコーンシータマラート
クラビー
プーケット
トラン
パッタルン
サトゥン
ソンクラー
パッターニー
ヤラー
ナラーティワート
マレーシア

タイの県区分

れることが多い。つまり彼のポピュリズムは、集票のための政治的道具として登場したという位置づけである。しかし本章では、タックシンのポピュリズムは、彼の政権および彼自身に対する攻撃への反動として登場・強化されてきたものであるとの仮説を立て論じる。また、タックシンのポピュリズムを分析するにあたり、２００１年のタックシン政権登場から２０１４年クーデタ直前まで時間軸を拡大する。

まず、ポピュリズムの定義について説明する。次に、タックシンと対抗関係にある伝統的エリートの統治システムについて確認をする。その後、タックシンによる「ポピュリズム」的な言説や統治が、反タックシン運動に対する反動として登場および強化されたと論じる。そして、タックシンのポピュリズムは、タックシン失脚後も大衆デモへの介入という形で影響力を維持することにより、国民の間の政治対立を深刻化させたと論じる。最後に、タックシンの登場以降、タイ民主化を巡る政治対立構造が複雑化し、民主化の対立軸が変化したことを明らかにする。

2　ポピュリズムとは

まず、ポピュリズムの定義について簡単に確認しておこう。近年、代議制民主主義の問題点について論じられることが多くなるとともに、改めてポピュリズムについて盛んに議論されるようになってきた。一般的にはポピュリズムとは、人気取りのための「ばら撒き」政策などを指すことが多いが、厳密な定義については、不明確なままであった。そのため「タックシンがポピュリストであったか否か」という問いに対しても、研究者によって見解が分かれてきた。

民主主義の負の側面として指摘される「ポピュリスト」または「ポピュリズム」とは、果たして何を指すのであろうか。現在、ポピュリズムに関する非常に明確な定義が提唱され注目を集めている。ヤン＝ヴェルナー・ミュラーの定義によると、政策の内容はポピュリズムであるか否かについて関係がない。ポピュリストは「人民がひとつの声で語ることが可能で、政権獲得後にしなくてはならないことを政治家に正確に伝える命令委任的なものを発することができる」と想定している。この言説は、「我々」についても、代表されるべき「人民」についても、対象を限定する排他的な性格を持っている。ポピュリズムの根幹は、「我々のみが、真の人民を代表する」という言説だとされる。また［ミュラー 2017］。ポピュリストは、道徳的に純粋な人民とその敵との何らかの区別を必要としているとされる

上記の定義は、タイ政治について理解するうえでも重要なヒントを与えてくれる。政策についてはポピュリズムの定義から外れるとのことであるが、後述するようにタックシン派の政党が与党ではなかったアピシット政権（2008年〜2011年）であれ、現在のプラユット軍事暫定政権（2014年〜現在）であれ、いずれの政権も地方や農村部に対するばら撒き的な施策を実行するようになっている。

政策内容の政党間の差異は、民主化が進展していく中で自ずと小さくなっていく。なぜなら選挙で勝つためには、必然的に貧困層や地方に配慮した福祉政策などを掲げなくてはならないからである。むしろポピュリストか否かを分ける分水嶺は、ミュラーが提唱するように「我こそは正義である」と

いう言説であろう。このような言説は他者との交渉および妥協の可能性を排除するため、たとえ政権に人気があったとしても独裁につながりうる危険性を持つ。では、タックシンはどうであったか。どのようにして彼のポピュリズムが誕生し強化されていったか、次節以降で検証してみたい。

3 タックシン政権登場前の政治——伝統的エリートによる統治システム

タックシン政権の検証に入る前に、長らくタイ政治に大きな政治的影響力を持ってきた伝統的エリートによる統治システムについて確認してみよう。

タイは、1932年の立憲革命により絶対王政が打倒され立憲君主制となり、民主化の歴史が始まった。立憲革命後から現在まで、総選挙は、1933年、37年、38年、46年、48年、52年、57年2月、57年12月、69年、75年、76年、79年、83年、86年、88年、92年2月、92年9月、95年、96年、2001年、05年、07年、11年、合計23回実施された。しかし継続的に総選挙が実施されてきたことは、タイが順調に民主化の道を歩んできたことを意味しない。その事実は、歴代の憲法規定に如実に表れている。

表1に示したように、タイでは現在までに20本の憲法が公布されてきたが、最も長期間使用されてきたのが、非民選首相、任命制の上院と民選制の下院からなる「半民主主義型」の憲法である。つまり選挙が実施されたとしても、必ずしも選挙結果が政権担当者の決定に影響を与えられてきたわけで

表1　タイ憲法一覧（1932年～2017年12月31日）

憲法	民主主義型	半民主主義型	非民主主義型
1932年暫定		5か月	
1932年恒久		13年5か月	
1946年恒久	1年6か月		
1947年暫定		1年4か月	
1949年恒久	2年8か月		
1952年（1932年の改正）		6年7か月	
1959年暫定			9年4か月
1968年恒久		3年4か月	
1972年暫定			1年9か月
1974年恒久	2年		
1976年暫定			1年
1977年暫定			1年1か月
1978年恒久		12年2か月	
1991年暫定			9か月
1991年恒久		9か月	
1991年恒久（1992年9月改正）	5年1か月		
1997年恒久	8年11か月		
2006年暫定			10か月
2007年恒久	6年9か月		
2014年暫定			2年7か月
2017年恒久		9か月	
合計	26年9か月	38年9か月	17年4か月

出典）筆者作成。

はない。

次に、歴代の首相がどのような人々であったか、彼らの属性を確認してみよう。

表2から分かるように、歴代の首相のうち約半数が軍部出身である。次に多いのが裁判官を含む法曹と文官の元公務員である。実業家については、1970年代から政党を結成するなど多数の者が政界に参入しているが、首相に関しては、バンハーン・シラパアーチャー（1995年～96年）、タックシン・チナワット（2001年～06年）、インラック・チナワット（2011年～14年）のわずか3名を輩出しているのみである。また任命制の上院議員についても、1932年から1996年までの間、

時代によって差異があるものの、概ね約50%～100%が軍人を含む公務員出身者によって占められていた。

歴代首相に軍人や法曹を含む文官が多い理由としては、国王を頂点とした伝統的エリートによる統治システムの存在が挙げられる。1932年立憲革命により絶対王政が打倒され立憲君主制に変更となった後、政治的権力を掌握したのは、軍部と文官であった。特に軍部の政治的影響力が強く、1933年、47年、48年、51年、57年、58年、71年、76年、77年、91年、2006年、14年の合計13回も軍事クーデタが実行され成功している。

表2 タイ歴代首相の出身：1932年～2017年（29名）

出身	人数	比率
軍人	12名	41.3%
文官	5名	17.2%
法曹（裁判官含）	6名	20.6%
実業家	3名	10.3%
その他	3名	10.3%

出典）筆者作成。
注1：タックシンは元警察官で実業家。実業家でカウント
注2：弁護士を経験後に文官になった者は文官でカウント

表3 タイ歴代首相の出身：1932年～2017年（のべ人数：37名）

出身	人数	比率
軍人	14名	37.8%
文官	10名	27.0%
法曹（裁判官含）	7名	18.9%
実業家	3名	8.1%
その他	3名	8.1%

出典）筆者作成。
注1：同一人物による別の時期における再登板をカウントに入れている。

表4 枢密院議員の出身（52名）

出身	人数	比率
軍人	11名	21.1%
文官	15名	28.8%
法曹（裁判官含）	22名	42.3%
その他	4名	7.6%

出典）筆者作成。

1946年に前国王のプーミポン国王（9世王）が即位した後は、国王の諮問機関として枢密院（Khana Aphiratthamontri, 後に Khana Ongkhamontri に名称変更）が設置された。途中一時的に廃止された期間はあるものの、1970年代以降、プーミポン国王の権威が高まるとともに、枢密院も政治的に重要な位置を占めるようになった。枢密院についても議員に任命された者の属性について確認してみよう。

表4に示した通り、歴代の枢密院議員の約半数は法曹（裁判官含）であった。次いで文官と軍人が多い。これに対して、民間の実業家から任命された者は皆無である。枢密院の議員は、一度任命されると長期間在職する者が大半であり、約15年～20年間も在職した議員も多数存在する。下院議員は、数年ごとに選挙により顔ぶれが入れ替わるため、枢密院の方が安定した政治機関とみなすこともできる。

このように長らくタイでは、国王を頂点とする軍人、文官、法曹らによる伝統的エリート統治システムが存在し、実業家出身の政党政治家は、選挙に出て下院議員となり、一部の者は内閣に大臣ポストをもらうという政治構造が存在してきた。

4　タックシン政権登場の背景――1997年憲法の施行

本節では、タックシン政権登場の背景について確認する。2001年総選挙で、タックシン政権の勝利をもたらした大きな要因の1つが、1997年憲法であった。タックシン政権は、1997年憲法の申し子であり、また同時に同憲法の規定に苦しめられることとなった政権でもある。1997年憲法が政治に対して与えた影響としては、①首相の大統領化、②政党の重要性の高まり、③政治の司法化（judicialization of politics）、以上3点を挙げることができる。タックシン政権は、①と②の効果により政権を樹立し、③により崩壊した。

従来のタイ選挙戦においては、政党の重要性は低く、各候補者は地元有力者の集票ネットワークに依存していた。特に東北部などの地方では、票買い（vote-buying）も頻発しており、汚職の原因ともなった。このような状況を受け1997年憲法は、政治の浄化や効率的な国家行政の遂行の実現を目指すためには、政党の役割を強化し、首相がリーダーシップを発揮できるようにすることが重要との考えのもとに起草された。この目的を実現するために、選挙制度が従前の中選挙区制から小選挙区400議席・比例代表100議席に変更された。

比例代表は、全国区の拘束名簿式比例代表制であり、政党が予め順位を決めて作成した候補者名簿に対して投票する方式である。また立法府と執政府を分離するという考え方が採用され、国会議員は閣僚に就任すると同時に、議員としての資格を喪失することとなった。そのため下院議員が閣僚に就任した場合には、空席を補充する必要がでる。この際、閣僚に就任するのが比例代表の議員の場合は、名簿の次順位の者が繰り上がりで当選するが、選挙区選出議員の場合は、補欠選挙を実施する必要がある。2000年の選挙法の改正により、補欠選挙の実施費用は議員本人と所属政党が負担することとされた。

一連の制度改正により、党員や立候補者に対する政党の立場が強まった。また選挙戦において政党の重要性が高まった。２００１年総選挙からは、各政党の比例名簿がそのまま閣僚候補者一覧とみなせるようになり、有力政党の比例名簿第1位は首相候補者となった。これ以降、総選挙においては「誰が首相になるか」という点が注目されるようになり、議院内閣制でありながら、大統領の直接選挙制の導入に近いような効果をもたらすこととなった。

また比例代表制導入により、有権者が候補者個人ではなく政党を選択するようになったため、各政党の公約に対する評価が選挙結果を左右するようになった。２００１年総選挙を境に、政党の政策内容が問われるようになった。同総選挙以降は、「誰が首相となり、どのような政策を実行するのか」という点が、有権者やマスメディアから注目されるようになった。

次に「政治の司法化」について確認してみよう。１９９７年憲法は、政治家などの汚職を取り締まるために司法権、準司法権を強化した。そして同憲法により7つの新しい裁判所と独立機関が設立された。憲法裁判所、行政裁判所、選挙委員会（Election Commission：ＥＣ）、国会オンブズマン、国家人権委員会、国家汚職防止取締委員会（National Counter Corruption Commission：ＮＣＣＣ）および国家会計検査委員会である。

政治家に対する取り締まりという観点からは、憲法裁判所、国家汚職防止取締委員会、選挙委員会が中心的な役割を担うこととなった。特に選挙委員会と国家汚職防止取締委員会の権限は非常に大きく、選挙委員会は、例えば、①選挙結果公表前に候補者等による不正が明らかとなった場合、選挙委員会は当該候補者の選挙権を1年間はく奪する、②選挙日前に選挙実行員の不正が発覚した場合は、当該投票所または選挙区の投票を中止して新しい投票日を定める、などの権限が付与された。国家汚

表5 1997年憲法下の憲法裁判事、独立機関委員

憲法裁判所	第1期（チュアン政権：18名） 職業：元公務員（文官）6名、学者5名、元検察官1名、元軍人1名、元最高裁裁判官5名。 年齢:68歳、67歳。66歳。65誌。64歳。62歳（2名）、61歳、54歳（3名）、58歳（2名）。 第2期（タックシン政権：7名） 職業：元公務員4名、学者1名、元最高裁裁判官1名、元警察官1名。 年齢：66歳、61歳（2名）、60歳（2名）、55歳、51歳。
選挙委員会	第1期（チュアン政権：6名） 職業：元公務員1名、元最高裁裁判官3名、学者2名。 着任時の年齢：67歳、66歳、64歳、54歳、不明2名。 第2期（タックシン政権：6名） 職業：元公務員2名、元裁判官1名、元警察官1名、元軍人2名。 着任時の年齢：64歳、61歳、60歳（2名）、59歳、58歳。 第3期（2006年クーデタ指導者ソンティ：5名） 職業：元最高裁裁判官3名、元検察官1名、元裁判官1名。 着任時の年齢は：67歳、60歳（2名）、59歳、不明。
国家汚職防止取締委員会	第1期（チュアン政権：9名） 職業：元公務員3名、学者1名、元検察官1名、元軍人2名、元任命上院議員2名。 着任時の年齢：67歳、65歳、63歳、61歳、58歳、不明4名。 第2期（タックシン政権：9名） 職業:元公務員4名、元最高裁裁判官1名、元検察官1名、元警察官1名、政治家1名、不明1名　着任時の年齢：1名が57歳でその他は不明。 第3期（ソンティ：9名） 職業：元公務員4名、元最高裁裁判官2名、学者1名、元検察官1名、裁判官1名。 着任時の年齢：66歳（2名）、63歳、62歳、61歳、60歳（3名）。

出典）筆者作成。

職防止取締委員会については、政治職者の資産負債報告書の検査が重要な権限の1つとなった。国家汚職防止取締委員会が不正の疑いありと判断した場合には、憲法裁判所に対して訴えを提起できるようになった。また憲法裁判所も大きな権限を付与され、いくつかのケースにおいて政党の解党を命じることができると定められた。政治の行方を左右するのは、選挙結果だけではなくなった。

　では、実際にどのような人々が裁判官や委員であったのだろうか。表5のとお

り、憲法裁判所、選挙委員会、国家汚職防止取締委員会の判事や委員は、いずれも元公務員（軍人、文官、裁判官含む）が多数を占めていた。つまり、前述の伝統的エリートに属する人々であった。

5　タックシン政権の誕生と障壁

（1）タックシン政権の誕生

タックシン政権は、その誕生時から波乱に満ちていた。タイ愛国党の政策を重視した選挙戦は多数の国民から注目され、世論調査では、総選挙の数か月前からタイ愛国党の勝利は確実視されていた。他方で、英字紙 *The Nation* を始めとするマスメディアの報道は、当初からタイ愛国党やタックシンに厳しい部分があった。また、総選挙前年からタックシンの株式保有について疑義が生じており、国家汚職防止取締委員会による調査が連日報道される中での選挙戦となった。

タックシンのタイ愛国党は、1999年半ばには、早々に「影の内閣」（Shadow Cabinet）の名簿を発表した。「影の内閣」の閣僚リストも、同党の立ち上げメンバーと同様に多様な業界からリクルートされた人々で構成されていた。首相はタックシンであったが、全44名からなる閣僚名簿には、政治家の他、公務員、テクノクラート、警察官、軍人、企業家、大学教員、法曹、南部のムスリム指導者、活動家、ジャーナリストなどが含まれていた。多くの者はバンコクを拠点とする人々であったが、東北部選出の国会議員や南部のムスリム指導者も含まれていたことから、タックシンの地方に対する配慮もうかがえる。また興味深いのは、農業大臣に農業を営む活動家が選ばれている点である。タイでは、1980年代までは一定の割合の下院議員が農民から選出されていたが、1990年代からは職業人としての政治家の比率が上昇しており、このように農業を営む者を閣僚候補に加えたことは目を引いた。

公約についても、同党のビジョンについて早期に発表を行った。タイ愛国党は、総選挙の1年近く前の2000年3月に「国家アジェンダ」を発表した。①財政および資本市場の開発、②経済構造改革、③所得創出および失業問題解決、④農民再生、⑤教育・国家人材の育成、⑥麻薬撲滅、⑦汚職撲滅戦争の宣言、⑧健康保険改革、⑨家庭強化と女性の政治的役割の促進、⑩国営企業の民営化、⑪新しい地域政策、以上11項目であった。8月には、農村向けの政策を具体化し、①負債返済猶予、②村落開発資金、③30バーツ医療制度の3点について明確に打ち出した［Pasuk and Baker 2009: 81-82］。

タイ愛国党の政策は、非常に分かりやすく、また選挙前にこのように明確に政策方針を打ち出した例は初めてのことであり広く注目を集めた。2000年9月10日から10月30日までにスアンドゥシット・ポール（Suan Dusit Poll）により実施された世論調査では、タイ愛国党支持が42・7％、当時政権を担当していた民主党（Democrat Party）への支持は34・02％であった。南部以外の地域ではタイ愛国党がリードしていた。また首相には誰が相応しいかとの問いに対しては、44・18％の回答者がタックシンを選び、現首相であるチュアンを選んだ回答者は34・53％であった。

初期のタイ愛国党は、「協調型」の政治を目指す政党として売り出していた。それはタイ愛国党の立ち上げメンバーや「影の内閣」のリストの多様性にも表れていた。またタイ愛国党は、貧困層を代表するＮＧＯや労働組合との関係も重視した。また中央集権型のタイは、長らく貧困や環境破壊に苦しむ地方農民らの要求を、中央政治に吸い上げてはこなかった。そのため農民やＮＧＯなどは、１９９０年代以降、まずは地元議員や県庁に対して要求を行い、上手くいかなければ、バンコクまで大挙して押しかけ、首相府前で座り込みを行った。このような抗議デモは、全国において連日のように新聞紙上を賑わせていた。

タックシンは、路上デモしか手段を持たなかったＮＧＯそして労働組合にも着目し、彼らの要求を政策に取り込む姿勢をみせた。ある労組幹部は当時を振り返って、次のように述べる。

タックシンが登場した時、彼はＮＧＯや労組の話を聞いてくれると言った。それまで我々は、路上で声を上げるしかなかった。でもタックシンは、我々の意見も取り入れてくれるというのだ。我々は、タックシンがしようとしていることは大変良いことだと思った。だからタックシンに協力することにした。（２０１４年3月25日、米国イサカにてインタビュー）

タックシンが当初、ＮＧＯや地方の抗議団体に対して同情的（に見えた）であったことは、タイの著名な研究者であるパースック・ポンパイチットらによっても既に指摘されている。２００１年1月総選挙での勝利後、抗議団体である「貧者の会議」（the Assembly of the Poor）が官邸の外に設置していたキャンプを訪れ、昼食を共にする様子をマスメディアに流した［Pasuk and Baker 2009: 144］。

(2) タックシン政権への障壁

1997年憲法の特徴をよく理解し、十分に準備をして選挙戦に臨んだタックシンは、総選挙の数か月前にはタイ愛国党の勝利を確信することができた。しかし、世論調査でも高い支持率を獲得していたタックシンに対して、2つの障壁が立ちはだかった。1つ目が憲法裁判所、国家汚職防止取締委員会、選挙委員会といった(準)司法機関、2つ目がマスメディアであった。

1つ目については、タックシンの株式保有が憲法規定に違反しているとの疑惑から始まった。1997年憲法は、首相、大臣、下院議員、上院議員、その他の政治職者などに対して、当該地位への就任、退任、退任1年後の合計3度、国家汚職防止取締委員会に資産負債報告書の提出をするように義務付けた。国家汚職防止取締委員会の訴えでは、タックシンがチャワリット政権で副首相を務めた際の資産負債公開において、自宅の使用人に名義変更した株式を申告しなかったというものであった。最も重要な争点となったのは、タックシンと妻が故意に資産を過少に申告したか否かという点であった。もし有罪とされた場合には、5年間の政治職就任禁止となる。前年には既に7名の政治職者が有罪の判決を受けており、タックシンと同時期にも1名の上院議員が裁判に付されていた。

タックシンは、2年間にわたり用意周到に総選挙に向けて準備をしてきたにもかかわらず、憲法裁判所の判決1つで、5年間も政界から追放されかねないというピンチであった。タックシンは、選挙戦において与党民主党と戦うと同時に、汚職疑惑について司法機関とも戦わなくてはならなかった。総選挙前の2000年秋は連日、国家汚職防止取締委員会の調査委員会の動向について報道がなされ、調査委員会による株の代理名義人に対する聴取や、タックシンに対する追加資料の提出要求などのニュースが流れた。１９９７年憲法を境に、政治を左右する要素は選挙だけではなくなったという事実を、国民や政治家に見せた事件だったといってもいいだろう。実際のところ同訴訟は、タックシンにとって厳しい状況と見られていた。２０００年12月には、前年に同様の罪で有罪判決を受けたサナン元副首相が、タイ愛国党は総選挙に勝利するだろうが、タックシンは首相になれないだろうと予想していた。

また選挙委員会も、タックシンの野望を阻む可能性があった。１９９７年憲法により選挙違反についての規定が厳格化され、選挙を取り締まる選挙委員会は強力な権限を付与されていた。特にタイ愛国党候補者に対しては票買いの疑惑がささやかれており、「有権者ではなく選挙委員会が総選挙の結果の鍵を握っているだろう」と指摘された。

困難な状況であったが、総選挙直前の12月、タックシンは「政府が権力を濫用している」と非難し、「自分はタイ国民を貧困から抜け出させるため政治に献身すると決心したので、何者にも邪魔させない」「自分は政治的企みの犠牲者だ。しかし誰にも負けない。タイ愛国党は総選挙で第1党となる政党だからだ」と述べ、「自分が首相になるのだ」と改めて決意表明をした。

２００１年1月6日の総選挙でタイ愛国党が勝利し第1党となった後、1月18日に憲法裁判所が国家汚職防止取締委員会からの訴えを受理して、憲法裁判所で審理されることとなった。紙面の都合で詳細については省略するが、憲法裁判所は8月3日に、15人の判事の裁定が8－7に分かれたが、タックシンはぎりぎりのところで無罪となり、無事にタックシン政権は本格的に船出をすることができた。まさに紙一重の差であった。

もう1つタックシンを悩ませたものは、マスメディアの報道であった。タイだけではなく、海外マスメディアもタイ愛国党に厳しかった。選挙戦の最中に豪州の放送局が、タイ東北部の村で村人がタイ愛国党のTシャツと100バーツを受け取っていたとして、同党による票買いを取り上げた。また世論調査では、タイ愛国党の人気は明白であったにもかかわらず、あるコラムは「政治アナリストによると多数の有権者が意思を決めかねている。なぜならチュアンもタックシンも大差がないからだ。(中略)チュアンの過去3年間の非生産性とタックシンへの大いなる不信との間で引き裂かれている。多くの人々がどちらか一方を信念なく選ぶだろう」(*The Nation* 2000年11月28日)、「ポピュリズムは問題を解決できない」(*The Nation* 2000年12月8日)など厳しい評価が相次いだ。

また、国家汚職防止取締委員会がタックシンの件について憲法裁判所への提訴を決定した直後にバンコクでアバック・ポール(Abac Poll)により実施された世論調査において、タックシンの人気が急落した件についても一面で報じられた。国家汚職防止取締委員会の調査に関する報道とタックシンに対する厳しい見解が繰り返し報道されたことが影響したのか、同世論調査の結果は、1月にはタックシンが40・5%、チュアンが33・8%であったものの、12月27日の調査ではタックシンが10・4%、チュアンが35・5%となり逆転した。年が明けた1月1日には「タイ愛国党の人気が落ちたことで、バンコクでの選挙戦が熾烈になった」と報道された(*The Nation* 2001年1月1日)。

タックシンに対して厳しい意見を持っていたのは、マスメディアだけではなかった。プーミポン国王は、12月5日の誕生日前日のメッセージの中で、総選挙について「今日は誰しもが良き人(Khon dii)を選ぶように言われる。しかし良き人の定義はない。多くの場合は幸せで(mi khwamsuk)、富んでいる人（ruai）が能力があるから良い人とみなされる。だが疑わしい見解だ。自分は特定の人物について述べてはいない。しかし幾人かは、ある人たちについて述べていると考えるだろう。もしそうなら、彼らは良い人ではないということだ」と語った（仏暦2543年12月4日プーミポン国王のお言葉：Chaopraya news）。

2001年1月6日総選挙でタイ愛国党は勝利し、第1党となった。しかし、司法による取り締まり、マスメディアによる攻撃、そして国王のお言葉などに苦しめられながらの選挙戦であった。他方、民主党のチュアン首相は、在職中に目立った政策上の成果がなく高評価ではないものの、タックシンのように厳しくバッシングはされなかった。チュアンは南部出身の弁護士、アピシットは学者の両親を持ち、本人も英国で学位を取った経済学者でもある。アピシットの父親は著名な神経内科医師であり、タイの著名な病院では彼の弟子たちが勤務している。前述の伝統的エリートのネットワークとは、比較的相性の良い経歴だともいえよう。

ともかく2001年総選挙では、公約競争に勝ったタックシンが総選挙を制し政権を樹立することに成功した。しかし、司法、マスメディア、そして国王と、良い公約を作成し国民にアピールするだけでは、政権の安定は十分に保証されない事実も明らかとなった。

6　タックシン政権Ⅰ──「ポピュリズム」第1幕

タックシン政権は、２００1年から２００6年まで2期続く長期政権となった。しかし政権の性格は当初のイメージとは徐々に異なるものへと変化し、現在まで続くタイ社会の分裂をもたらすこととなった。前述の元労組幹部は、続けて次のように語った。

タックシンは政権を樹立した後に変わってしまった。当初は我々やＮＧＯの話を聞いてくれたが、徐々に話を聞いてくれなくなった。他人の話を聞かず独裁的になった。汚職をしているらしいとの話も聞いた。それは悪いことだと思ったので、最終的に我々とＮＧＯはタックシンから離れた。今ではＮＧＯは政治的な力を失ったと思う。（２０１４年3月25日、米国イサカにてインタビュー）

前述のように、タックシンは多様な社会勢力を政権に取り込む「協調型」を旗印に選挙戦を行った。そこには政治家、大学教員、公務員の他に、ＮＧＯ、南部ムスリム、ジャーナリストなども含まれていた。しかし組閣された内閣は、自身またはファミリーに近いものと政策立案を担当する研究者らを中心に構成されていた。また政権発足後は、あらゆる社会勢力を統制しようとし始めた。

タックシンは、①汚職取り締まり、②麻薬撲滅についても重要なミッションとして掲げていた。そして2003年5月から影響力者（マフィア）を討伐するための戦いを開始した。タックシンは政府役人に対して、国および地方レベルの影響力者出身の政治家に対して、断固とした対応を行うように指示を行った。あらゆる関係官庁が参加する国家レベルの委員会が設置された。そこでは、麻薬の流通業者や、ギャング、違法密輸業者、賭博場のオーナー、武器の密売人などがターゲットとして含まれた。これらの影響力者は、村落、県、国家の3段階にレベル分けされ、ターゲットに応じた機関が対応することとされた。

タムマサート大学政治学部のプラチャック・ゴーンギーラティの調査によると、県知事と警察が影響力者のリスト作成を担当したが、2003年6月に最初に提出されたリストには全国で813名の名前が挙げられていた。しかし全国76県のうち32県は影響力者がいないことになっており、広く批判された。また違法ビジネスに関与している兵士や警察官がリストに入っていなかった点についても非難の声があがった。そのため再度のリストアップが行われ、2週間後に国家委員会が目にしたリストには2700名もの名前が挙げられていた［Prajak 2016: 25-26］。

しかし実際の取り締まりにおいては、地方の政治的有力者の排除または弱体化を狙ってミッションが実行された。これは、タックシンの政治的ライバルの排除という意味合いが強かった。地方で票を取りまとめる有力者を排除することにより、タックシンが直接に有権者と結びつくことを狙っていた。そのため、野党やタイ愛国党所属であっても党に依存していない下院議員のいる県がターゲットとなった。その最たるエリアが、民主党の地盤である南部の県であった。またバンハーン元首相の地元であるスパンブリーもターゲットとなった。

影響力者撲滅作戦は、２００３年から２００４年にかけて実施された後、２００５年の総選挙直前にも復活した。汚職や麻薬は重大な社会問題であり、タイ国民からの撲滅に対する要求が強かった。しかし、実際にタックシンが行った撲滅活動を検証すると、タックシンの政敵一掃という色合いが濃い作戦であった。

タックシンによる社会統制は、政治的有力者の取り締まりにとどまらなかった。タックシは、市民社会に対しても締め付けを行った。例えば、ＮＧＯに対しても厳しい対応をとるようになった。当初は友好的な態度をとっていたが、２００２年初頭には、20か所のＮＧＯのメンバーと外国人アシスタントに対して反マネーロンダリング局（Anti-Money Laundering Office：ＡＭＬＯ）の調査が入っていたことが明らかとなった。２００２年半ばにはＮＧＯは政府と決裂したが、タックシンは自らに抗議するＮＧＯについて「外国からの融資を受ける不誠実なレシピエント」と断じた。また内閣はデモに対してより厳しく対応する旨について決議を行ったが、激しい抗議を受けた。その後、法的にデモを取り締まるために、高速道路法の改正による公道でのデモを一切禁じることを提案した。またＮＧＯの活動および財政に関する月例報告はより厳格に運用されるようになり、外国人アドバイザーのビザ取得は以前よりも困難になった。また統制はマスメディアにも及び、２００３年には再び政治介入に対して抵抗していたｉＴＶの数人のスタッフが解雇された。

タックシンは、憲法裁判所、選挙委員会、国家汚職防止取締委員会についても、人事を通じて統制しようとしたと指摘されている。他の社会勢力に対する統制とは異なり、タックシンによる介入の決定的な証拠はない。しかし、チュラーロンコーン大学経済学部のパースック・ポンパイチットらは、

２００1年に選ばれた第二期の選挙委員会委員には、過去に自らの上院議員選挙について選挙委員会に無効にされた者、かつて国王の承認を得ることができなかった判事、汚職の罪で調査されている官僚、偽の投票用紙を印刷したかどで訴追されている官僚などが含まれており、タックシンの政治介入があったと推測している。また、２００３年に任命された第二期の国家汚職防止取締委員会委員についても、タックシンと士官学校時代からの友人など、新任の7名のうち5名の委員がタックシンと近い関係にあると指摘している。憲法裁判所についても、２００３年3月に4名の判事が任期を終えたが、その後の新任判事の選考によりタックシンと近い人物3名が選ばれたと述べている［Pasuk and Baker 2009: 173-176］。

その後、タックシン政権はタイ史上初めて4年の任期を全うし、２００５年2月の総選挙では圧勝を収めた。しかし、前述のプラチャックは、２００５年総選挙は平和的なものとは程遠く、タイ愛国党が政治権力を独占しようとしたため、各地で激しい選挙戦が展開されたと指摘する。彼の統計によれば、２００1年総選挙よりも多くの暗殺計画が発見され、また実際に暗殺された者の人数も２００1年総選挙の人数を上回っており、暴力に満ちた選挙であった。

7 タックシン政権Ⅱ――「ポピュリズム」第2幕

(1) 2005年2月総選挙

タックシンは2005年1月に、2月総選挙を控えて、再選後には①反汚職、②貧困撲滅、③麻薬討伐の3つの政策について継続する旨を発表した。またタックシンは、①比例区名簿100名、②閣僚候補者名簿105名、③政治実務家ポスト候補者50名の3つの名簿を事前に公表して、有権者にアピールした。これらは、今回の総選挙でも、有権者に対するアピールの手段として閣僚名簿が重要な看板であること、様々な派閥からの候補者を名簿に入れることで、党内派閥を統制する狙いがあったとみられている。2005年総選挙でも、同政権に対する人気は依然として高く、総選挙は大きな勝利が予想されていた。

大勝を予想されていたタックシン政権であるが、内部からタックシンに対する反発が徐々に垣間見られるようになった。まず、党内の派閥争いについて報道がなされるようになった。有力派閥の長が比例名簿の順位に対して不満を持っているとの噂が流れた。また他党からの反発も強くなり始めた。2005年1月に入ると、元首相のバンハーンは、タイ愛国党が自らの地盤にまで進出しようとしていることを察知し、「タイ愛国党は自己中心的で欲深い」「タイ愛国党への投票はトラブルを招く」などと非難した。

表6　2005年総選挙結果

政党	北部	東北部	中部	南部	バンコク	比例	合計
タイ愛国党	70	126	79	1	32	67	375
民主党	5	2	8	52	4	25	96
国民党	0	6	11	1	1	8	26
その他	1	2	0	0	0	0	3
合計	76	136	97	54	37	100	500

出典）筆者作成。

国民からの人気は依然として高かったものの、総選挙の前から一部の国民の間から徐々に反タックシン運動が興隆し始めていた。反タックシンの動きの契機となったのは、南部での麻薬討伐であった。麻薬討伐は国民からの支持が高かったが、南部に関しては人権侵害が酷く問題となっていた。2003年からの麻薬討伐により約2500名が当局により殺害されたため現地住民らの強い反発を招き、2004年1月には陸軍基地への襲撃が起こった。さらに、実行犯の弁護を担当した弁護士の失踪事件が起こったため、南部の住民だけではなく国連など海外からの非難が強まっていた。世論調査では、麻薬密売人などの殺害が相次いだ2003年初頭においても90％の国民が、タックシン政権による反麻薬討伐を支持しているとの結果が出ていた。しかし南部住民や人権活動家からは、強い怒りの声と非難が繰り返され、次第に大きな反対運動へと繋がっていった。

ＮＧＯも反タックシン運動を開始した。最初に反タックシン運動の中核となったのは、1997年憲法による政治改革を後押しした「緑色の旗」(Green Flag Spirit）と呼ばれる「人民民主主義のためのキャンペーン」(Campaign for Popular Democracy）と名のるグループであった。また1997年憲法の起草者らも反タックシン運動に参加した。加えて、人権活動家、大学生、労働者、その他各種ＮＧＯも参加し、2005年1月にはタイ愛国党に国会をコントロールさせないように各地の都市でキャンペーンを開始した。

また反タックシン運動が大きく盛り上がっていく中で、不穏な動きも見られ始めた。野党民主党が、プーミポン国王と王妃のお言葉を印刷したステッカーを作成し、配布を計画していたのである。そこには「貧しいことは恥ではない」「不誠実こそ真の恥である」「人は豊かになればなるほど、より多くの汚職を行う」と書かれていた。犯罪撲滅局（Crime Suppression Division：ＣＳＤ）により取り締まられたが、この件に関して民主党は関与を否定し、タックシンとタイ愛国党を名誉棄損で刑事裁判所に訴えると主張するトラブルが起こった（Phuchatkan Online：２００６年1月31日）。

２００５年2月、タックシンは予想通りに総選挙で大勝利を収めた。タイ愛国党は総議席数の75％を確保し、初の単独政権を樹立した。しかし同選挙を契機に、タイ国内に政治的分裂が生じ始めたことも明らかとなった。総選挙の結果を伝える新聞は、「国は分断された」との見出しで選挙結果を報じた。タイ愛国党は、北部や東北部で圧勝したが、それとは対照的に南部ではタイ愛国党フィーバーは起こらなかった。

（2）反タックシン運動の興隆

総選挙後も、南部問題を中心に反タックシンの動きは続いた。政府の緊急勅令（後に法律）が、刑法の規定に違反して、令状なしに30日間勾留することを可能とするものだったため、法曹などから反対運動が出た。また王妃も、自らの誕生日のお言葉などで、南部で頻発している殺人に対する懸念を2度も表明した。

強い抗議を受けて、2005年8月にはタックシンもようやく人権侵害の状況が深刻なレベルに達していることを認めた。しかし民主党は、タックシンの南部問題に関する動きについて誠意があるか否か疑わしいなどと非難した。そこでタックシンは、同年8月中旬にはムスリムの多い深南部のナラーティワート県とパッターニー県を訪問するなどしたが、事態の改善には程遠かった。深南部のムスリム住民らは当局による取り締まりの恐怖から、国境を越えてマレーシア側に逃走するものが続出した。

多方面からの批判は止まらなかった。2005年に政府が設立した「国民和解のための委員会」（National Reconciliation Commission：NRC）の委員長であるアーナン元首相も、タイ国民に対して正義のために立ち上がるようにメッセージを出した。また民主党党首のアピシットも、政府の緊急勅令は当局による権力濫用を認めるものだと批判した。

多方面からの激しい批判に対して、タックシンはきわめて強権的な方法で応戦した。2005年9月に北部ランパーン県の共同体ラジオの7か所の基地が閉鎖させられた。当局側の説明では、同基地からの信号が航空機の飛行に支障を引き起こしているためとのことであった。しかし民主党は、ベテランのタイ航空のパイロットが、そのような障害はありえないと話していることを紹介し、政府が正当な理由なく閉鎖を行ったことになると指摘した。

さらに同月、タイ愛国党に近いと言われるメディア・タイクーンのパイブーンが、政治系の記事を扱う新聞『マティチョン』（*Matichon*）と『バンコック・ポスト』（*Bangkok Post*）を所有するPost Publishing社を買収しようとする事件が起こった。彼は、今回の件は政府とは無関係であると主張したが、学者やジャーナリストを中心に反対デモが起こった。激しい反対運動の結果、パイブーンは買収を諦めざるをえなくなった。

同年10月、４選挙区で補欠選挙が実施されることとなった。野党は国会で弾劾を開始することができる125議席に到達することを目標にしていた。

一方タックシンは、補選を前に、さらに強権的な方針を打ち出した。タックシンは政府高官との会合にて、自らの政権の積極的なイメージを打ち出すために、社会秩序、麻薬撲滅、貧困撲滅を謳った旧キャンペーンを再登場させる旨を発表した。タックシンは「社会は多くの病理に満ちている。今こそ社会の病原菌を一掃する時である」「今年の残り3か月間、私は警察に対して、違法または不道徳なビジネスは1月を超えては認められないのだという強いメッセージを発することを求める」と述べた。

また南部問題については、タックシンは、もし事態を改善させることができなければ、緊急勅令による統治を延長すると述べ、軍に対して南部問題の解決を指示した。ムスリムが多数派を占める深南部3県をカバーする緊急勅令は、内閣の承認によって3か月ごとに延長できるとされていた。

このような状況下で実施された補選において、タイ愛国党は大敗を喫した。４議席中３議席は野党が勝利した。３議席の選挙区は、北部2か所、南部1か所であった。結党以来の屈辱的敗北について、タックシンは「敗北したのは我々の候補者であり、我々の政策ではない」「総選挙では、有権者は政府を選択する。しかし今回の４議席の補欠選挙では、有権者はただ彼らが好む候補者を選択しただけである」とコメントした（*Matichon* ２００５年11月１日）。加えてタックシンは、補選前に「タイ愛国党所属議員がいる選挙区から優先的に国家資金を配分する」と述べたことで、野党、上院議員、学者らから「不適切である」と非難された（*Matichon* ２００５年11月２日）。

補選での大敗後、タックシン政権は一層強権化していった。タックシンは、国家資金の優先配分に関する発言について野党などから非難されたにもかかわらず、再度その発言を繰り返した。タックシンは11月３日、首相府での定例の記者会見において、与党議員がいない選挙区に対する差別であるとの批判について、次のように答えた。

> 自分は国全体の面倒をみる必要がある。しかし私の時間は限られているので、まずは自分に対して信頼を示してくれた県に対して注意を向ける。（*Matichon* ２００５年11月４日）

年が明けて２００６年に入っても、反タックシンの動きは終息する様子がみられなかった。タイ愛国党所属の交通副大臣は、年頭の挨拶で「今年我々は人々の声を聴きます。タイ愛国党はもっと公衆の声に耳を傾けるようにして、より良い説明責任を果たします」と表明し、タイ愛国党が昨年1年間、批判に対して無視またはほとんど注意を向けなかったことを認めた。

一部の政治家などからは、２００５年2月総選挙が実質的に一党独裁支配体制を招いてしまったことへの反省から、１９９７年憲法や関連法を改正し下院議員の政党間の移動をしやすくするべきであるとの意見が出るようになった。タイ愛国党は、憲法改正に関する提案について「政治家や政党は憲法を改正する資格はない。そのような提案は国民から上がってくるべきである」として、反対意見を表明した。

タックシンは、2006年1月には、汚職撲滅への取り組みについて再度確認し、反汚職捜査チームを編成することを発表した。これは地方有力者への警告と受け止められた。

しかし同じく2006年1月、汚職監視のNGOが現政権の汚職を暴くためのウェブサイトを立ち上げたことを発表した。このウェブサイトの立ち上げに参加した元官僚は、マスメディアに対して、自らは3000人にも上る元・現役官僚のネットワークの一部であり、自分のグループが史上最悪レベルの現政権による汚職を発見したと説明した。情報は、委員会の承認を得た後にウェブサイト「Corruption Watch」上で公表するとのことであった。また同グループによると、タックシンは2001年に、市民による汚職撲滅活動のために2000万バーツを支援すると述べていたにもかかわらず、実際には最初に500万バーツを寄付しただけであった。同ウェブサイトの運営については、民主党議員、上院議員、元会計検査院委員、元国家汚職防止取締委員会事務局長、大学教員など、多数の政治家や元官僚を含む知識人が参加していた。

8 2006年クーデタ――伝統的エリートの反撃1

(1) 王権への注目

2006年に入って、反タックシン運動は勢いを増していったが、前年から同運動において興味深い主張がみられるようになった。それは国王や王権への言及である。

2005年夏頃、タイ愛国党所属の下院議員であったプラムアン・ルッチャナセーリー（元内務省官僚）が前年に出版した『王権』（*Phraratcha-amnat*）という本が話題になった。同著書は、1932年の立憲革命以降も、タイ国王は法的な権力を失っていない、つまり国王は憲法の「下」には位置していない、との主張を展開していた。この本に対してプーミポン国王からお褒めの言葉があった。マスメディアが報じたため、内容は広く一般国民にも知られることとなった。

王権について関心が集まるようになった契機は、軍の定例人事異動名簿と会計検査院長の後任人事任命の勅命を巡って、プーミポン国王による承認がすぐにおりなかったことにあった。特に後者の事件については、非常に大きな論争となった。同事件は、2001年にジャルワン・メンタカーが会計検査院長に選ばれた際の任命手続きが憲法の規定に違反しているとして、憲法裁判所に提訴がなされた結果、2004年7月に憲法裁判所が違憲判決を下したことに始まる。本来ならば、憲法裁判所の違憲判決を受けて、ジャルワンは辞任をすべきであった。しかし彼女は「自分は国王の勅命によって任命された。よって国王による解職の勅命がなければ辞任しない」と主張し、地位から降りることを拒否した。元財務省高官が後任として内定していたものの、憲法に規定された90日以内に国王の承認はおりなかった。

プラムアンの『王権』とジャルワン事件によって、タックシンが国王の権限をないがしろにしているのではないか、との議論が盛んになされるようになった。そのためタックシンは、自らの政権が国王に忠誠を誓っていることを説明しなくてはならなかった。

南部での殺人事件が止まらない中、王権を巡る騒動は大きくなり始めた。同じく9月には、「We Love the King」と名乗るグループが、４名の上院議員を不敬罪で警察に告発した。訴えられた上院議員は、ジャルワン事件を巡る政争に国王を巻き込もうとする企みだとして非難した。また、大手メディアの経営者であるソンティ・リムトーンクンらが、９月９日放送のテレビ番組で「タックシンは国王に対して忠誠を誓っていない」と繰り返し批判したという事件も起きた。タックシンは、ソンティらに対して名誉棄損で刑事裁判所に訴えた。

次第に、政争に国王または王室が巻き込まれるようになり、国家汚職防止取締委員会の委員任命について、枢密院を人選に関与させるという提案までなされるようになった。11月には、タムマサート大学で「王権と政治改革」と題されたセミナーが開催された。同セミナーにおいて、１９９７年憲法に多大なる影響を与えた著名な公法研究者アモーン・チャンタラソンブーン、元国家汚職防止取締委員会事務局長、前述のプラムアン、ソンティ、上院議員らが登壇し、「一党独裁支配を打ち破るための憲法改正に着手するために、国王に陳情しよう」との意見で合意した（*The Nation* ２００５年11月23日）。

またタックシン政権は、公立学校の管轄を内務省から地方自治体に変更しようとしていたが、この件について教師たちが各地で数千人規模の反対デモを繰り広げた。教師らは、移管手続きが進むようであれば、国王に介入を求めるために陳情すると抵抗した。

（２）大衆デモの登場

政治問題に国王が巻き込まれ始めると同時に、大規模な大衆デモが組織されるようになった。政争は次第に暴力的となり、政治は国会から出て街中の路上で争われるようになった。最大の契機は、前述のソンティが、9月9日の番組内容を理由に同番組の放送が中止されたため、ルンピニー公園にて毎週トークショーを行うようになったことであった。ソンティは毎週タックシンの強権的政治について批判を繰り返していたが、同集会には数万人単位で聴衆が集まるようになった。ソンティは「王権を取り戻すために、国王に直訴する」と主張し、最終目標は「タックシンを取り除くこと」(Free of Thaksin) であると述べた。

もう一つの契機は、2006年1月にタックシンの親族が経営するシン・コーポレーションがタックシンの家族が保有する全株式(全株式の49・6%)を、シンガポールの政府系投資会社テマセク・ホールディングス社などに売却した、と発表したことであった。この取引の際に、①税金を支払わなかった、②国益にも関係する通信関係の事業を外国資本に売却した、以上2点が問題視された。

2006年1月からは、反タックシン運動は暴徒化した。1月中旬には、デモ隊が首相府に突入するという事件が起こった。デモ隊を先導したとして、元上院議員と、元下院議員で著名な政治研究者でもあるアネーク・ラオタンマタットの2人が警察から嫌疑をかけられた。元上院議員は、タックシンが国王に対して不敬であるとして辞任を求めていた。同事件に対して、タイ愛国党はソンティと民主党が誘導したと非難した。しかしタイ国民党からも、タックシンに対して辞職を求める要求がなされた。またバンコクのみならず、地方都市での反タックシン運動も規模が拡大しつつあった。同月、東北部の地方都市ローイエットでも1000名規模の反タックシン運動が起こった。

タックシンは反タックシン運動を前に、「1900万人以上の有権者が自分に投票してくれた。自分は辞任しない。戦う」と反対派に屈しないと宣言した。そして東北部のコーンケーンでは、反タックシン派デモに対するカウンター・デモを組織した。タイ愛国党の下院議員がリーダーとなり、メンバーの多くは農村の保健ボランティアであった。他方、ソンティは、２月５日に反タックシン運動の中核として「民主主義のための国民運動」（the People's Alliance for Democracy：ＰＡＤ）を結成したことを発表した。メンバーは、大学教員、ビジネスマン、ＮＧＯ、労働組合、大学生、農民などであった。タックシン派と反タックシン派は、お互いに相手を不敬罪で刑事裁判所や警察に訴え合うなど、争いは泥沼化し始めた。

このような状況を受け2月24日、タックシンは下院を解散し、４月２日に総選挙を実施することとした。しかし反タックシン運動は、依然として収まらず、翌々日には10万人規模の反タックシン・デモが王宮前広場で実施された。３月初旬にバンコクで実施された世論調査では、タックシンに首相辞任を求める回答者が48・２％、国王による暫定政権の任命を求める回答者が46・１％との結果が報じられた。この頃、大学教員らが多数集まり、タックシンに辞任を求める公開書簡を発表した。このメンバーには、歴史研究で有名なチャーンウィット・カセートシリも含まれており、学界や社会に与えた影響の大きさがうかがえる。またタックシンは、国営企業の民営化も進めていたが、国営企業の労働組合も反タックシン運動に加わった。

しかし他方で、タックシン政権を支持する人々も声をあげ始めた。バイクタクシー運転手たちは、新聞報道で自分たちがお金を貰ってタックシンを支持するデモに参加していたと報じられたことについて、事実と異なると新聞社に訂正を求めた。彼らは「タックシン政権以前は、地元の影響力者に

『みかじめ料』を支払って仕事しなくてはならなかったが、タックシン政権の取り締まりによってその必要がなくなり、安心して仕事をできるようになった」と述べ、タックシンへの支持を表明した。また東北部出身者が多いバンコクのタクシー運転手たちも、タックシンを支持する者が多かった。そのため、タクシーの中で政治の話をするのは危険かもしれないと新聞記事で報じられるほど、日常的に政治問題を巡ってタイ国民の間で亀裂が深くなっていた。加えて、地方の農民もタックシン支持のためバンコクに集結し始めた。3月には「貧者のキャラバン」(the Caravan of the Poor)や「東北部の農民ネットワーク」(Farmers network in the Northeast)など、3万人を超える農民がチャトゥチャック公園に集まった。

熾烈さを増していった反タックシン運動ではあったが、何を目指しているのかという点について非常に不明確であった。反タックシン運動の中心となったソンティのPADメンバーから繰り返されたメッセージは「タックシンを追い出す」という点のみであった。総選挙では勝てないと踏んだ反タックシン運動の参加者と野党は、4月総選挙に反対し、民主党などの野党は選挙ボイコットを宣言した。そして反タックシン派から提案されたアイデアの1つが「国王に暫定政権を任命してもらう」といったものであった。法曹やジャーナリストからの提案であった。現役の裁判所判事、法学研究者、活動家などからは反対意見が出たが、同アイデアは反タックシン派の主張の中で繰り返された。

4月2日総選挙は、反タックシン派の妨害行為と野党選挙ボイコットによって不完全な状態での実施となった。そのため、選挙委員会は再選挙の実施を繰り返すことになった。しかし総選挙の実施後も反タックシン運動は収まらず、タイ愛国党の副党首で国防大臣でもあった元軍人タマラックは、反タックシン派に対して「軍人は苛立っている」と暗に強硬な手段を行使することを匂わせた。またマスメディア関係者は、タックシンからの介入が続いており、報道の自由がないことを訴えた。

（3）国王、軍、裁判所による介入

路上での政治対立が悪化する中で、国王、軍、裁判所らが動き始めた。

２００５年11月頃から、軍がクーデタを実行するのではないかと噂されるようになった。そのような状況下で、国王は12月2日に陸海空の3軍を訪れた。国王は、軍人に対して「不穏な時期には国民と国を守るように」「兵士は自らの責務を自覚し、自らの義務を果たすこと」とのお言葉をかけた。

また国王は、２００６年2月3日、ソンティが予定していた大規模デモの前日に出したお言葉で、「正義（khwam yutitham）こそが調和（kan prongdong）と幸福（khwam pen yuthidi）の鍵である。正義とは、正しいことや善良なことを行うことである。そして正義を守ることは判事の義務であり、そうすれば社会に平和が行き届くだろう」と述べた（仏暦２５４９年2月3日プーミポン国王のお言葉：Chaopraya news）。

さらに国王は、4月25日の最高裁判所と行政裁判所の判事の宣誓式においても、一党支配が非民主的であること、国王が政治介入することはできないことを述べ、「最高裁判所が主導して政治問題を解決するように」との指示を行った（Phuchatkan Online ２００６年4月30日）。また翌日の新聞では、陸軍司令官が、２００４年から南部での討伐において、軍と警察がブラックリストを作成し使用していたことを認めたとの情報も報じられた。

国王からの指示を受け、最高裁判所、最高行政裁判所、憲法裁判所の3裁判所が合同会議を開催し、

11時間にもわたる話し合いを行った。数日後にはマスメディアが、バンコクで実施された世論調査の結果、回答者の70・2％が最高裁判所に対して、68・4％が行政裁判所に対して、62・7％が憲法裁判所に対して信頼しているとの結果が出たと報じた。そして最終的に、憲法裁判所によって4月2日総選挙は無効との判決が下された。これにより、総選挙実施の過程は振り出しに戻された。

総選挙無効判決のあとは、引き続き選挙を実施しようとする選挙委員会が非難の的となった。タイ学生連盟の大学生らが、選挙委員会の委員に対して辞職を要求した。また海軍司令官も「選挙委員会は3裁判所の判断に従うべきである」とのコメントを出した。同じ週に、陸軍司令官からも同様のコメントがなされた。また軍最高司令官は「選挙委員会委員は、3裁判所の助言に従い、判事に政治問題の解決を任せるべきだ」と同様のコメントを出すとともに「タックシンは、国王を喜ばせるために何ができるか考えるべきだ」と述べ、民主主義の下での平和と調和の回復を求めた。

国王、軍、裁判所による政治介入が始まる中で、5月下旬、タイ愛国党の「フィンランド宣言」(Finland Declaration) 疑惑が報じられた。ソンティのメディアグループのコラムニスト数人が、1999年にタイ愛国党の幹部がフィンランドで秘密会議を開催して、タイを西欧型の共和制と民主主義をモデルとした政治システムを持つ一党支配体制に移行させるための戦略について合意していた、との内容の記事を発表した。この噂について、タイ愛国党幹部でもある政府広報官は、事実無根であると全面的に否定した。またタイ愛国党の成功は、他党とは全く異なる政策方針にあるのだと強調した。

軍によるクーデタ実行の噂が幾度も出るようになった。軍はクーデタの可能性を否定していたが、9月19日、タックシン首相が国連総会出席のために米国ニューヨーク滞在中にクーデタを決行した。

これにより軍事暫定政権が政権を掌握した。1991年以来、約15年ぶりのクーデタであった。

9 政治の司法化――伝統的エリートによる反撃2

2006年クーデタ以降は、憲法裁判所や最高裁判所の政治的役割が一層拡大し、「政治の司法化」がさらに進んだ。軸となったのは、①タックシンの汚職裁判、②与党の解党裁判、③軍事暫定政権下で制定された2007年憲法の改正、④恩赦法の制定、以上4点であった。

クーデタ後、タックシンとタイ愛国党を追い詰めたのは司法であった。2007年のタイ愛国党解党を皮切りに、2008年、2010年とタックシンは汚職裁判で有罪判決を受け、資産の一部を没収された。2007年憲法については、最大の争点は上院であった。タイでは長らく任命制であったが、1997年憲法で完全に民選とされた。しかし2007年憲法では、再び約半数の議員が任命に戻された。任命議員の多くは、クーデタグループと関係のある元公務員であった。恩赦法については、2006年以降のデモなど政治関係の違法行為に関する訴訟や有罪判決を無効とするものであった。2013年の法案では、2006年以降の大衆デモなどに関する違法行為で受けた訴訟や有罪判決を無効とする内容であった。当初は恩赦の対象は一般の活動家のみであったが、後に、タックシンも恩赦対象に含まれるよう修正されたことを契機に、反恩赦法の大規模デモが生じ、2014年クーデタに繋がった。

表7　2007年憲法下の憲法裁判事、独立機関委員、任命上院議員

憲法裁判所	第3期（サマック政権：9名） 職業：元公務員2名、元最高裁裁判官5名、元裁判官2名。 着任時の年齢:64歳、62歳（2名）、61歳、60歳（3名）、58歳（2名）。 第4期（インラック政権：2名） 職業：学者1名、元検察官で最高行政裁裁判官：1名。 着任時の年齢：60歳、62歳。 第5期（プラユット暫定政権：2名） 職業：学者1名、元公務員1名。着任時の年齢：57歳、59歳。
選挙委員会	第4期（アピシット政権：1名）職業：学者 第5期（インラック政権：5名） 職業：元最高裁裁判官2名、学者1名、政治家1名、元裁判官1名。 着任時の年齢：65歳、64歳、60歳、57歳、55歳。
国家汚職防止取締委員会	第4期（アピシット政権：1名）職業：元公務員。 第5期（インラック政権：2名） 職業:元警察官1名､元公務員1名。着任時の年齢は1名60歳､1名不明。 第6期（プラユット政権：6名） 職業：元公務員3名、元軍人1名、元警察官1名、元裁判官1名。 着任時の年齢：66歳、63歳、61歳、60歳、59歳。
任命上院議員（2008～2011年任命分：76名）	学術部門（14名）:元公務員7名（学者4名、その他3名）､政治家2名、建築家1名、学者2名、教師（民間）1名、ビジネス1名 国家部門（15名）：元公務員13名、政治家1名、ビジネス1名 専門家部門（15名）:元公務員5名､学者2名､会社員2名､政治家1名、エンジニア1名、農業1名、実業家1名、マスコミ1名 民間部門（14名）:ビジネス6名､政治家3名､元公務員2名､法曹2名、選挙委員1名 その他部門（18名）：元公務員8名、政治家1名、教師（民間）1名、学者1名、歯医者1名、法曹2名、ビジネス1名、自営業1名、区長1名、国家経済社会諮問会議委員1名、教育経営者1名

出典）筆者作成。

本節では、2007年から2014年までの政治的裁判について概観する。政権交代に繋がる主要な裁判は表8の通りである。

1つ目の政治的山場は、2007年のタイ愛国党解党、2008年の人民の力党解党、タックシン汚職裁判その1、2010年のタックシン汚職裁判その2までの期間であろう。

まずは2007年、軍事暫定政権の下で任命された憲法裁判官委員会によって、タイ愛国党および他2党が解党された。解党理由は、2006年4月総選挙の際

表８　2007 年以降の政治的裁判一覧

判決年	訴訟内容	被告	関与裁判所・独立機関	使用条文	判決
2007 年	タイ愛国党他２政党解党裁判 （憲法裁判官委員会判決 3-5/2550）	タイ愛国党（他２政党）	憲法裁判官委員会※１ 政党登録官※２	1998 年政党法 第 66 条①③※３ 第 67 条 革命団布告 27 号	有罪
2007 年憲法					
2008 年	サマック首相資格喪失裁判 （憲法裁判所判決 12/2551）	サマック首相	憲法裁判所 選挙委員会	第 267 条 第 182 条⑦	有罪
2008 年	人民の力党解党裁判 （憲法裁判所判決 20/2551）	人民の力党	憲法裁判所 政党登録官	第 68 条 第 237 条	有罪
2008 年	汚職防止取締法違反裁判 （最高裁判所政治職者刑事訴訟部判決 2008 年 10 月 21 日）	タックシン元首相	最高裁判所政治職者刑事訴訟部 国家汚職防止取締委員会	汚職防止取締法 100 条 （利益相反）	有罪
2010 年	資産没収に関する裁判 （最高裁判所政治職者刑事訴訟部判決 2010 年２月 26 日）	タックシン元首相	最高裁判所政治職者刑事訴訟部 国家汚職防止取締委員会	汚職防止取締法 100 条 （利益相反）	有罪
2010 年	民主党解党裁判 （憲法裁判所判決 15/2552）	民主党	憲法裁判所 政党登録官	1998 年政党法 第 62 条・第 65 条	無罪
2012 年	2007 年憲法改正裁判① （憲法裁判所判決 18-22/2555）	国会議長、内閣、 プアタイ党等	憲法裁判所	第 68 条	無罪
2013 年	2007 年憲法改正裁判② （憲法裁判所判決 15-18/2556）	国会議長、国会副議長、 上下院議員 312 名	憲法裁判所	第 68 条	有罪
2014 年	2007 年憲法改正裁判③ （憲法裁判所判決 1/2557）	国会議長、国会副議長、 上下院議員 381 名	憲法裁判所	第 68 条	有罪
2014 年	2014 年２月下院選挙無効裁判 （憲法裁判所判決 5/2557）		憲法裁判所 国家オンブズマン	第 108 条②	有罪
2014 年	政府高官人事異動違憲裁判 （憲法裁判所判決 9/2557）	インラック首相	憲法裁判所	第 268 条、 第 266 条②③	有罪

出典）筆者作成。
※１　タイ語では、Khana tulakan ratthathammanun クーデタグループにより解散させられた憲法裁判所の代わりに、2006 年暫定憲法に基づき設置された。最高裁判所長官，最高行政裁判所長官，最高裁判所裁判官５人，最高行政裁判所裁判官２人からなる。
※２　政党登録官は選挙委員会委員長
※３　他２政党は第 66 条②③および第 67 条が適用された

に、立候補者が1名の場合は当選のための最低必要得票数が20%以上という1997年憲法の規定の適用を避けるために、小党にお金を払って立候補者を出馬させたという罪であった。しかしタイ愛国党は解党されたものの、2007年12月総選挙では人民の力党として勝利し、タックシンの後継者を自認するサマック・スントラウェートが首相に就任した。しかし反タックシン運動が復活し、様々な抵抗を受けたのち、2007年総選挙時に不正があったとして、2008年に憲法裁判所により再び解党された。

また2度にわたる政党解党とともに、タックシンの汚職裁判も進んだ。2008年と2010年にタックシンは汚職のかどで有罪判決を受け、資産の一部を没収された。裁判では、タックシンの首相としての「利益相反」(Conflict of Interest)や「政策を使った汚職」(Policy Corruption)など、厳密には法的に汚職といえるか否かグレーゾーンであったため、タックシンおよびタックシン派の人々からは、裁判所に対して強い反発が生じた。

2つ目の山場は、2013年および2014年の2007年憲法改正に関する無効判決、2014年2月総選挙の無効判決、2014年5月に下された政府高官人事に関する違憲判決までの期間であった。2007年憲法の改正について争点となったのは、①上院の人選、②政府が外国と条約を締結する際の国会承認、以上2点であった。特に重要であったのは①についてであった。タックシン派政権は、上院の人選を全て民選に戻そうとしていた。上院は、憲法裁判所や、国家汚職防止取締委員会、選挙委員会といった独立機関の人選に対して承認を与える機関であった。そのため、憲法裁判所などにより厳しい統制を受け続けていたタックシン派政権は、上院の再度の民選化を試みていた。

また前述のようにタックシンの帰国・復権に繋がりうる恩赦法の制定についても論争の的になった。２０１３年には下院を通過したものの、世論の厳しい批判を受け、上院で否決された。しかし、この件を機に反タックシン運動が激化し、再び２０１４年２月総選挙の民主党によるボイコット、憲法裁判所による無効判決へと続いた。最後は、２０１４年５月に政府高官人事に関して不正があったかどで、タックシン派政権の首相および閣僚に対して有罪判決が下った後、５月22日に軍がクーデタを実行した。

10　タックシンによる大衆デモ扇動――「ポピュリズム」第３幕

約１年間の軍事暫定政権による統治後、２００７年12月に総選挙が実施された。２００７年12月総選挙から２０１４年クーデタまでは、前述のように政治の司法化が進展するとともに、タックシンによりポピュリズムが第３段階に入った時期でもあった。

伝統的エリートによる司法を通じた反撃を前に、タックシンは２００８年から海外で逃亡生活を送ることとなった。しかし２００６年クーデタ後には、タックシン派のデモ隊「独裁追放民主戦線」(the Democratic Alliance against Dictatorship：ＤＡＡＤ）が組織された。これ以降タックシンは、様々な手段を通じて海外からデモ隊や国民に対してメッセージを送るようになった。特に２００９年３月以降は、ビデオリンクという通信手段を使用して国民に直接メッセージを送り、大衆デモを扇動して反タックシン派に対し反撃を行うようになった。政治の司法化の進展とポピュリズムの激化は相互に影響しあいながら進み、徐々にタイ政治の性質を変化させていった。以下、経過について概観してみよう。

2007年12月23日に総選挙が実施されたが、軍事暫定政権下で制定された2007年憲法により、上院だけではなく、下院の選挙制度も変更された。1997年憲法の小選挙区と全国区の比例代表制から、中選挙区と全国を8区に分けた比例代表制に変更された。他にも様々な点で改正があったが、改正の目的はタイ愛国党のような大政党を再び誕生させないことであった。総選挙前の予想では、タイ愛国党の後継政党である人民の力党（People Power Party）は、比例代表では勝利するだろうが、中選挙区では議席減となるだろうと予想されていた。

今回の選挙戦でも各政党の公約が注目された。いずれの政党も旧タイ愛国党に倣って「ポピュリスト政策」を打ち出そうとした。タイ愛国党の後継政党であった人民の力党は、他党に政策内容を真似されないように、しばらく新しい政策案を秘密にした。同選挙では、いずれの政党の公約も似通っており、①村落開発資金、②無償の医療サービス、③無償の教育サービス、④大量輸送公共システムなどを掲げていた。

2005年総選挙時と比較すると、人民の力党の優位が以前ほどは明確でなかった。11月末、人民の力党は「人民の力党は、タックシン元首相により導入されたポピュリスト政策を継続する」と発表し、タックシンの名前を強調した。また12月初旬、人民の力党の事務局長は、「政権を取った後には、タックシンに助言を求めたい」と述べた。タックシンは、当初は人民の力党とは一定の距離を置いているともみられたが、12月になってから、同党への投票を呼び掛ける自らのメッセージが入ったビデ

ＯＣＤを配布したことにより、タックシンと人民の力党との繋がりが明白となった。

反タックシン運動と２００６年クーデタ、続くタイ愛国党解党、そしてタイ愛国党の旧幹部は５年間の政治活動を禁止されているという状態ではあったが、２００７年総選挙でもタックシン派である人民の力党が勝利を収めた。しかし、従前のような圧勝ではなく、野党と連立政権を樹立した。

総選挙の結果を受け、タックシン派のサマック政権が誕生した。サマック政権は、早速２００７年憲法の改正に向けて動き始めた。憲法改正の最大の目的は、上院の完全民選化であった。前述のように、上院は、憲法裁判所の判事や各種独立機関の委員の任命について最終的な承認を与える機関である。そのため上院の人選は、司法の裁定に苦しめられてきたタックシン派政権にとって改正すべき最重要事項であった。

しかし、サマック政権の動きに対して、すぐにＰＡＤが反応した。２００８年３月末、反タックシン派のＰＡＤが再度活動を始めた。５月にはＰＡＤは、憲法改正への反対とサマックへの辞職要求を掲げ、首相府に向けて大規模デモを実行すると発表した。ＰＡＤの指導者は「憲法改正と経済問題の解決のために、デモを継続する以外の選択肢はない」と強硬な姿勢をみせた。ＰＡＤのデモには、南部14県のＰＡＤ、南部の労働組合などが参加した。また６月頃からは、カンボジアとの国境に位置するプレア・ヴィヒア寺院の世界遺産登録に関して国境問題が浮上し、ＰＡＤは同問題に関してもサマック政権を攻撃した。

ＰＡＤの動きを受けて、タックシン派の「反独裁民主国民連合戦線」（United Front of Democracy against Dictatorship：ＵＤＤ　※ＤＡＡＤが２００７年８月に改名）も再集結した。ＵＤＤの目標は、最も民主的な憲法といわれた1997年憲法を復活させることであった。7月に入ると、タックシン派による反PAD運動も盛んとなり、タックシン派が強い影響力を持つ東北部のウドン・ターニーで、「We love Udon」と名乗るタックシン派グループが、地元のPAD指導者を追い出すためのデモを行った。ウドン・ターニーの反タックシン派グループの背後には、人民の力党の閣僚の兄弟でもある地元政治家がいると噂された。

8月頃から、PADは暴徒化していった。PADは政権寄りのテレビ局や首相府に侵入した。PADの暴挙にもかかわらず、民主党党首のアピシット、バンコク銀行オーナーの一族、上院議員30名、妻が民主党幹部である陸軍高官がPADのキャンプを訪問した。また、PADの女性メンバーがデモの最中に死亡する事件が起きた際には、葬式に王妃と三女のチュラポーン王女、陸軍司令官、アピシットが参列した。また別のPADメンバーの葬式にも、アーナン元首相とアピシットが参列し、暗にPADに対する支持を表明した。

PADは、11月から12月にかけてスワンナプーム国際空港を占拠した。空港では多数の武器が発見されるなど、国際的にも大きなニュースになった。12月2日の人民の力党等の解党判決を受けて、ようやくPADの抵抗は沈静化した。同月、選挙の洗礼を経ることなく、アピシット民主党政権が樹立された。

憲法裁判所判決による人民の力党の解党を受けて、タックシン派の議員は、再びタイ貢献党（Pheu Thai Party）に衣替えした。野党となったタイ貢献党は、2006年クーデタ前後からの政治的危機に関係した人々に対して恩赦を与える「和解法案」（Reconciliation Bill）を提案した。2006年クーデタ前後からの司法の裁定をなかったこととし、政争を振り出しに戻そうとした。同恩赦法がカバーする範囲は、タイ愛国党、人民の力党、PADおよびUDDのメンバーとされた。しかし、民主党やPADは同法案の提案は、タックシンの政界復帰が目的であるとして拒否をした。

これ以降UDDは、次第に攻撃的な声明を出すようになった。UDDのメンバーで、衛星テレビの番組でホストを務めていたナタウット・サイクアは、マスメディアのインタビューに対して、タックシンは民主主義の象徴であると答え、次のように述べた。

国全体が赤色(UDD)に変わるだろう。我々のデモに参加する人々は、民主主義を愛しており、誰からの命令も受けない自由な人々だ。我々が正しい道にいることを確信している。(*The Nation* 2009年2月16日)

UDDは、2009年2月と3月には首相府や外務省などにデモ行進を行った。ナタウットは、PADが前年に首相府や空港を長期間占拠したことを非難し、2007年憲法の改正を求めた。またUDDの目的は民主党政権の追放であり、それはタイ貢献党の目指すところと同じであると説明した。

3月下旬にタックシンが、2006年9月クーデタの背後には枢密院議長のプレームがいたことを知ったと発言したことで、一気に状況が緊迫し始めた(*Matichon* 2009年3月28日)。タックシンは支持者に対して、「真の民主主義」(rabop prachathipatai thi thae ching)を取り戻し、この国の「二重基準」(song matrathan)が終焉を迎えるまで、反政府デモに参加するように呼びかけた。またタックシンは、支援者に対して赤いTシャツを着るように促した。

「二重基準」とはタックシンが使い始めた言葉であり、タイ裁判所の偏向性について非難する言葉であった。このことから、タックシンが支持者にUDDのデモに参加するように呼びかけた動機の1つが、自身や自分の政党に関する裁判所の裁定に対する不満であったことがうかがえる。この頃からマスメディアは、UDDのデモが「より醜く、より個人的」な性質を持つようになったと指摘するようになった。

PADはタックシンの行動に対して反発し、政府に対して、タックシンがメッセージを送るビデオリンクをブロックし、王室、枢密院、裁判所を守るように警告する声明を出した（*Matichon* 2009年3月31日）。また枢密院議員の1人が、UDDとタックシンが王室を破壊しようとしていると話したと報道された。これに対してナタウットは、UDDは王室を破壊しようとする意図はないと反論した。しかしナタウットは、次のようにも述べた。

UDDの運動は、非民主的な貴族的官僚エリートの瓦解を狙ったものであり、憲法外エリートによる官僚的支配を打倒するまで継続する。（*The Nation* 2009年4月15日）

この頃からタックシンは「アマーターヤティパタイ」（rabop ammatayathipatai）という言葉を使用して、反タックシン派を攻撃するようになった。「アマーターヤティパタイ」とは、枢密院、軍、司法など国民に権力の由来を持たない勢力と、彼らと組んでいる（少なくともそのように見える）民主党などを指す言葉として使用された［村嶋 2009］。

タックシンによる扇動は収まらず、４月には再度、人々にＵＤＤのデモに参加して「真の民主主義」をタイにもたらすよう訴えた。タックシンは、４月８日に大集会を実施するとして、デモへの参加を呼びかけた（*Matichon* ２００９年４月９日）。そして、次のように述べた。


この戦いは、自分（タックシン）にとっての問題ではない。これは、我々の国、我々の人民、未来の世代にとっての問題なのである。（*Matichon* ２００９年４月９日）

タックシンは、４月８日の大集会を成功させるため、幾度もビデオリンクなどを通じてメッセージを発信した。大集会当日には、デモ隊に対して３日間は集会を継続するように指示をしていた。

タックシンのメッセージを受けてより強硬になったＵＤＤは、４月８日の大集会の後、パタヤで開催されていたアセアン・サミットを妨害するため国際会議場に乱入した。デモ隊の乱入によって会議は中止を余儀なくされ、国際的なニュースにもなった。これを受けてアピシット首相は、非常事態宣言を出した。４月13日にはバンコク市内でＵＤＤと軍隊が衝突した。ＵＤＤ側は火炎瓶で応戦したりバスに火を放ったりした。軍との衝突は数日間続き、数人の死者と多数の負傷者が出た。また数日後には、憲法裁判所に手りゅう弾が投げ込まれる事件が発生するなど、ＵＤＤの過激な動きが目立つようになった。

２０１０年３月にタックシンは汚職のかどで２度目となる有罪判決を受けた。タックシン派は、２

008年にタックシンが有罪判決を受けた裁判について恩赦を求める請願運動を行っていたが、2010年には新たな裁判で有罪判決を受けることとなった。これによりタックシンは、莫大な資産の一部を国庫に没収されることとなった。怒れるタックシンは「裁判所はクーデタグループの道具となっている」と罵った（*Matichon* 2010年3月2日）。

3月中旬、再びUDDによる反政府運動が盛り上がり始めた。UDDはアピシット政権に対して議会解散と総選挙の実施を求めた。3月下旬には、6万人超の人々が主要道路でデモを行った。タックシンが、タイ貢献党に対して表に出ないように指示したため、タイ貢献党は表立ってデモには関与をしなかった。アピシット政権と議会解散について交渉を行ったのは、UDD指導者のナタウットやチャトゥポンであった。

アピシット政権は、タックシンのメッセージがデモ隊や国民に届くことを警戒し、4月上旬に非常事態宣言を出した後は、UDDの衛星テレビ放送やラジオ放送を遮断した。これに対してUDD側は『*Voice of Taksin*』『*Thai Red News*』などの雑誌を発行し販売を行うなど、デモ隊や国民に対するメッセージの発信方法を増加させていた。

アピシット政権側は議会解散について交渉の余地があるとの姿勢を示したが、UDD側が交渉において強硬な姿勢を見せ、条件などについて受け入れなかった。4月10日には、民主記念塔から少し離れた場所にあるパーン・ファー橋にてUDDと軍との間で衝突が生じ、数百名以上の死傷者が出た。しかし、依然としてUDDはデモを中止せず、4月中旬にはバンコク中心部のラーチャプラソン交差点を期限なしで封鎖すると発表した。

５月に入るとアピシットは和解のための提案を行い、11月14日に総選挙を実施するなど具体的な日程の提示も行った。ＵＤＤ側もこの提案を受け入れたが、ラーチャプラソン交差点の封鎖は続いた。５月13日にＵＤＤの強硬派指導者がマスメディアのインタビューを受けている最中に何者かに射殺されたことから、再びＵＤＤと軍との衝突が始まった。多数の死傷者が出続ける中で、ＵＤＤ側は政府との交渉を受け入れると申し出たが、政府側はデモの無条件即時解散を求めた。５月19日朝、軍は最後のデモ隊強制排除に乗り出した。この際には正体不明の「黒服集団」が銃を多数発砲したとされ、負傷者の救護に当たっていた医療スタッフも含む多数の死者が出た。２０１０年４月から５月にかけての２か月間に、１００名近いデモ隊のメンバーが死亡した。多数の死傷者を前に、ＵＤＤ指導者もデモの中止を宣言するしかなかった。

11　「ポピュリズム」が残したもの——政争の変化

（１）２０１１年７月総選挙

ここまで検証してきたように「政治の司法化」を受け、タックシンの「ポピュリズム」は、徐々に形を変え、同時に過激化してきた。タックシンの指示を受け過激化した大衆デモは、ついに２０１０年５月には１００名近い死者を出す事態となった。しかしタックシンのポピュリズムは、大衆デモに対して影響を与えるだけにとどまらなかった。大衆デモの過激化は、２０１１年総選挙の選挙戦や政党そのものを変化させた。

前述のように2001年、2005年、2007年の選挙戦では、政党の公約が重要であった。2001年総選挙でタイ愛国党が、優れた政策案を提示したことにより、総選挙で大勝したからである。民主党などの他の政党も、地方農民などを意識した公約を作成するようになった。この結果、2011年総選挙では、いずれの政党の公約も農民や貧困層に配慮し、社会保障の拡充に焦点を当てた公約となっており、大きな差はみられなかった。

しかし同総選挙において、タイ貢献党と民主党との間で最も争われた点は公約ではなく、①2010年5月事件の責任問題、②タックシンとタイ貢献党との関係、以上2点であった。

2010年5月のUDDのデモに対する強制排除に伴い100名近い死者が出た事件については、UDD側からアピシットに対する激しい責任追及が行われた。当日多数の死者が出たにもかかわらず、事件の真相は謎のままであった。多数の人間が短時間に射殺されており軍による仕業だと疑われたが、政府の説明は「黒服集団」がデモ隊を射殺した、黒服集団が誰であるかは不明というものであった。UDD側は、直接の犯人が誰であれ、デモの強制排除を命令したのはアピシット首相であり、事件の責任はアピシットにあると糾弾した。

民主党側も2010年5月事件を取り上げて、UDDを攻撃した。後述するように、UDDメンバーが多数、タイ貢献党の比例名簿に入っていたため、UDDに対する攻撃はタイ貢献党に対する攻撃ともなった。民主党は、同事件の際に現場近くの大型デパートのセントラルワールドが何者かに火をつけられて炎上した件を強調し、UDDを「バンコクを燃やした」（phao ban phao mueang）と攻撃した。また、総選挙直前の6月23日にセントラルワールドで開催された民主党の集会では、２０１０年5月事件当日の映像が流されたが、集まった支持者に対して「黒服集団」の正体はＵＤＤであるかのような印象を与える説明が行われた。

２つ目のタックシンの影響力についても、両党から頻繁に言及された。民主党は、有権者の反タックシン感情に訴えようとした。アピシットは「タックシンという毒を国から取り除くために民主党に対して２５０議席以上を与えるように」と有権者に訴えた。また民主党は、タックシンを金権政治、恐怖政治、独裁政治の象徴として描き、「タイは1人の個人（＝タックシン）に属するものではない」と繰り返し、タックシンのポピュリズムに対する反感を煽った。民主党は、選挙戦終盤には「タックシンが嫌いな人は民主党に投票するように」と訴えるなど、反タックシンという立場を強調した。

他方、タイ貢献党は、誰が党の看板として選挙戦を率いるか、つまり誰が次期首相候補者として選挙に立つかという点で、しばらく議論が続いていた。当初は、実業界出身で人民の力党政権の時に副首相を務めたミンクワン・セーンスワンが、次期指導者として名乗りを上げていた。ミンクワンを看板に選ぶということは、タックシン色を薄めることになる。反タックシン派からの反発を抑えるためには、ミンクワンは良い選択肢であった。しかし選挙で勝利するため、タックシンとタイ貢献党が選んだのは、タックシンの末の妹のインラック・チナワットであった。タイ貢献党は、タックシンとの繋がりを有権者にアピールすることを選んだ。同党のタックシンへの依存は、選挙戦の中で登場した「タックシンが考え、タイ貢献党が実行する」（Thaksin khit Puea Thai tham）というフレーズに象徴されていた。

2011年UDDデモの様子（筆者撮影）

2011年民主党集会の様子（筆者撮影）

民主党は、タイ貢献党のこの戦略に対して、インラックはタックシンの代理人に過ぎない、操り人形であると攻撃した。またインラックが政治および行政上の経験を持たないことも攻撃された。後述するように、2011年総選挙でタイ貢献党が勝利し、インラックがタイ初の女性首相となった。しかし彼女は在任中、タイ史上最も無能な首相、英語が下手などといった、個人的な能力について中傷されることが多かった。

2010年5月事件であれタックシンの影響力についてであれ、タイ貢献党またはUDDと民主党の主張は互いに噛み合っていなかった。選挙戦での議論は、国の将来像を描くことよりも、お互いに相手を感情的に攻撃しあうことにエネルギーが注がれた。

これは2001年総選挙以降の公約を競う選挙戦のスタイルとは異なる。このような変化が生まれた背景には、各政党の公約が似通ったものになってきたという事情だけではなく、タックシンのポピュリズムが大衆デモに入り込み憎悪を煽ったことや、PADや民主党も大衆デモを通じてタックシンやUDDを国家や王室の敵のように描いてきたことが影響していると思われる。選挙戦は、政策重視から有権者の感情重視に変化した。

(2) 政党と大衆デモの曖昧な境界線

もう1点、2011年総選挙時に明確となったタイ政治の変化が存在する。それは、政党と大衆デモとの境界線が曖昧になりつつあるという事実であった。

PADは2006年にソンティにより組織されたが、PADとして正式に立ち上がる直前1月に起きた反タックシン派デモ隊の首相府突入事件について、タイ愛国党はソンティだけではなく、民主党の比例議員数名も関与していたと非難した。また2月4日に開催されたPADの大規模デモに際しても、民主党は事前にデモへの関与を否定しつつも、所属議員のデモへの参加は止めなかった。また2007年12月総選挙ではPADのメンバー4名が民主党から下院議員に立候補した。

UDDについては、2006年から東北部での反PADデモにおいて、タイ愛国党の政治家やその親族がデモ隊を指導していたことが報じられている。また前述のように、2009年にはタックシンが支持者に対してUDDのデモに参加するように呼びかけている。

タックシン派政党とUDDとの境界線が曖昧である事実は、2011年総選挙の際に非常に明確となった。2009年から2010年にかけては、アピシット政権に対する反対勢力として主力となったのはタイ貢献党ではなくUDDであった。路上での抗議活動によりUDD側に多数の死者が出た。その結果、UDDがタイ貢献党に対して力を強めることになった。2011年総選挙に際しては、タイ貢献党の比例名簿に22名のUDDメンバーの氏名が記載された。加えて当選確率の高い50位以内に、10名ものUDDメンバーが入っていた。またナタウットは、2012年1月の内閣改造でインラック政権の副農業大臣に就任している。

またUDDについて留意しておかなくてはならないことは、中心的メンバーの来歴である。例えばチャトゥポンは、1990年代から活動を始めた政治家である。彼は、1998年にタックシンがタイ愛国党を結成した際に同党に移籍し同党の広報担当などを務めた。2007年総選挙の際には、人民の力党の比例名簿に名を連ね下院議員に当選した。またナタウットも政治家であり、2001年総選挙に他党から立候補したものの落選した後に、タイ愛国党に移籍し広報担当を務めた。ナタウットも２００７年総選挙では人民の力党の比例候補として立候補したが落選した。そのためサマック政権の首相府副広報担当に着任した。つまり２人ともタイ愛国党時代からの政治家であり、タックシンの側近メンバーであった。

しかし、タックシン派政党がデモ隊に依存するようになるに従い、次第にＵＤＤの一般の参加者の意見を無視することができなくなった。ＵＤＤは、主要メンバーは政治家出身であるが、その他の参加者には農民など一般人が多数を占める。そのためＵＤＤとタイ貢献党との意見の衝突がみられるようになった。

タックシン派政党は、２００８年以降、２００７年憲法改正と恩赦法の制定によりタックシンの復権を図ろうとしてきた。しかし、恩赦法がカバーする対象範囲については様々な意見が出た。２０１３年の恩赦法について、暗にタックシンの復権も狙うタイ貢献党と、デモ隊の一般の参加者だけではなく指導者も恩赦対象に含めることによって、アピシットも恩赦対象に入ってしまうことに反対するＵＤＤ一般メンバーとの間で、意見が衝突した。２０１０年５月事件で多数の死者が出てからは、一般メンバーにとっての最重要事項は２０１０年５月事件の真相解明とアピシットの責任追及へと変化していた。

また、民主党とデモ隊との関係にも変化が出た。２０１３年秋、インラック政権により２００７年憲法改正や恩赦法制定が強硬に進められる中で、民主党は議会内では政府に対抗できなかった。そのため民主党幹部のステープ・テースバンが離党して、自ら直接デモ隊を率いて反インラック運動を展開することとした。つまり政党が自ら主導して大衆デモを開始したのであった。ステープ率いるデモ隊「人民民主改革委員会」（the People's Democratic Reform Committee：ＰＤＲＣ）、またはタイ語名では「国王を元首とする完全な民主主義へ国政を改革する国民委員会」（Ko. Po. Po. So.）による反政府運動に加えて、12月8日にはアピシットが、民主党所属議員153名全員が辞任する旨を発表した。これらを受けてインラック首相は、2013年12月9日に下院を解散し、翌年2月に総選挙を実施すると発表した。しかし民主党は、再び選挙ボイコットを実行することを決定した。

下院解散後もステープは、総選挙の実施を阻止するため「バンコク封鎖」（shutdown Bangkok）を掲げて、主要幹線道路を封鎖するなどして妨害した。そのため選挙委員会は、総選挙の実施は困難だと判断して総選挙実施の延期を勧告した。インラック政権側は総選挙の実施を強行したが、南部を中心として立候補者がいない選挙区などが多数出た。そのためオンブズマンを経由して訴訟が提起され、3月21日に憲法裁判所によって総選挙無効の判決が下された。収拾のつかない状況下で、2014年5月22日、軍が再びクーデタを実行して政権を掌握した。

12　おわりに――政治対立構図の変化

本章では、タックシンがなぜ今も求められ続け、そして恐れられ続けるのかについて、彼の「ポピュリズム」を鍵として検証を行ってきた。

現在も、タックシンに対する評価は真二つに割れている。タックシンの優れた経済政策や福祉政策を評価し、彼がタイに戻って来ることを望む声も多い。タックシンに対する期待は「タックシンならタイを救ってくれるはずだ」という信仰にも近いものがある。他方で、タックシンに対して「国民を分裂させた」と批判し、彼の汚職や人権侵害を非難し毛嫌いする人々も多数存在する。民選政権であったタックシン政権よりも、クーデタにより政権を奪取したプラユット軍事暫定政権の方が良いと答える人々も多い。

タックシンを巡る評価の違い、またはタックシン派と反タックシン派の見解の相違については、UDDやPADに参加した人々の社会階層の相違と関係づけられて論じられることが多い。既存研究の調査によると、PAD参加者の方がUDD参加者よりも平均して所得が高いとの結果が出ている。しかし実際には、筆者がタイにて聞き取り調査を行ったところ、同じ社会階層に属する人々の間でもタックシンに対する評価は大きく異なっていた。長年の友人同士、または同じ家族の間でも政治的見解が全く異なり、タックシンに関する話題になると喧嘩になると語る。

タイ国民の政治的対立を深刻化させたもの、それこそがタックシンのポピュリズムであった。タックシンは在任中、自らが国民の要望について最もよく理解していると言って憚らなかった。タックシンにとっては、国会で野党と議論することも無駄以外の何物でもなかった。ある時には、法案に反対した野党が、国会を通過した法案を国王に奏上する前に憲法裁判所に対して違憲審査を求めようとしたが、政府はわずか数時間の間に警察バイクを使ってバンコク名物の交通渋滞をすり抜け、野党が知らない間に国王に奏上してしまった。また国会での法案審議過程を嫌い、重要な施策については法律ではなく緊急勅令を使用するようになった。南部問題の一端である緊急勅令も、内容が刑法の規定に違反していたが、内閣の承認により3か月ごとに更新可能とされた。彼にとっては、自分自身と国民との直接的な繋がりこそが「民主主義」であった。

タックシンは、間違いなく優秀な行政担当者であった。彼は、従来の政府がやり遂げられなかった施策を次々に成功させた。また、農民など今までの政府が十分に配慮してこなかった人々にも目を向けた。しかしタックシンは、民主主義の2つの要素のうち、民意の反映という意味では一定の成果をあげたものの、政治的または社会的多様性については一切排除する姿勢を示した。タックシンのポピュリズムは、タイ人を、タックシンを支持するもの（＝タックシンにとっての国民）と支持しないもの（＝非国民）に分裂させた。

タックシンのポピュリズムは、伝統的エリートなどによる攻撃への反動として強化されてきた。その結果、民主化を巡る政治対立構図が変化した。タイでは1970年代以降、「軍事政権 対 民主化勢力（学生等）」という構図が存在した。民主化の敵は軍であった。しかしタックシンのポピュリズムは、この対立構図を変えた。2006年に学者や学生といった民主派勢力が「反民主的だ」と攻撃したのは、軍ではなく民選首相であるタックシンであった。バンコクの旧民主派勢力がタックシン派と反タックシン派に分かれた。

また長年、民主化を巡る政治的対立はバンコクの中の出来事であった。地方は基本的には蚊帳の外であった。しかし2006年には、タックシンを支持するために北部や東北部といった地方から農民らが集結した。地方が民主化を巡る争いに参加したのである。だが南部は反タックシンに回ったことから、民主化を巡って「地方 対 地方」の対立構図が登場した。また２００６年クーデタ以降は、タックシンのポピュリズムが大衆デモを動員したことから、「大衆デモ 対 大衆デモ」または「一般国民 対 一般国民」という対立構図が登場した。

タイ民主化の対立構図は、タックシンのポピュリズムを契機に複雑化したのである。結果として「軍の支配を認めない」「首相は民選であるべし」という基本的な前提が崩れ、軍によるクーデタを認めることとなってしまった。

タックシン政権以降にタイで観察された現象は、ポピュリズム登場の原因と、ポピュリズムが民主化に対してどのような影響を与えうるかという点について興味深い示唆を与えてくれた。タイにおいてポピュリズムは、当初は選挙において得票数を増やし、政権の安定性を高めるために使用された。しかし議会内で政争が解決できなくなると、ポピュリズムは大衆デモを扇動するために使用された。そして政治は議会内から路上に出て、最後は政党政治そのものが崩壊し始めた。現在のプラユット軍事暫定政権を擁護するつもりはない。タックシンが追放された第一の原因は、軍を始めとする伝統的エリートと衝突したことであろう。しかしタイ民主化を後退させた原因の１つは、タックシンのポピュリズムでもあった。ポピュリズムが、またはポピュリズムを使用した強権的政治指導者「ストロングマン」による政治が、民主化に与える危険性を見せつけたのがタックシン政権であった。

【参考文献】

〈日本語〉

高橋勝幸「２０１０年赤シャツ真夏の決戦：政治学校からバンコク大結集へ、そして県庁燃ゆ」『タイ国情報』44巻３号、２０１０年５月、57〜75頁

高橋勝幸『ウボン日記〜その13〜２０１１年タイ総選挙：ウボンラーチャターニー県を中心に」『タイ国情報』45巻４号、２０１１年７月、８〜33頁

高橋徹『タイ　混迷からの脱出――繰り返すクーデタ・迫る中進国の罠』日本経済新聞出版社、２０１５年

玉田芳史「タックシン政権の安定――発足３年目にあたって」『アジア・アフリカ地域研究』４－２、１６７〜１９４頁、２００５年

玉田芳史「タイ政治における黄シャツと赤シャツ――誰、なぜ、どこへ」『国際情勢　紀要』81、１４３〜１５９頁、２０１１年

外山文子「タイにおける汚職の創造――法規定を政治家批判」『東南アジア研究』51巻１号、京都大学東南アジア研究所、１０９〜１３８頁、２０１３年

外山文子「インラック裁判は何を意味するか――タイ社会の分裂と政治の司法化」Web site: SYNODOS（シノドス）２０１７年10月10日掲載 https://synodos.jp/international/20549

村嶋英治「タックシン支持赤シャツＵＤＤ派の大攻勢、パタヤ――ＡＳＥＡＮサミットの流会――２００９年３－４月のタイの大政争」『タイ国情報』43巻３号、２００９年、２〜46頁

ミュラー、ヤン＝ヴェルナー『ポピュリズムとは何か』板橋拓己訳、岩波書店、２０１７年

〈英　語〉

McCargo, Duncan and Ukrist Pathumanand. 2005. The *Thaksination of Thailand*. Copenhagen: NIAS Press.

Pasuk Phongpaichit and Baker, Chris. 2009. *Thaksin: The Business of Politics in Thailand* second edition. Chiang Mai: Silkworm Books.

Prajak Kongkirati. 2016. The Rise and Fall of Electoral Violence in Thailand: Changing Rules, Structures, and Power Landscapes, In Eugénie Mérieau eds. *The Politics of (No) Elections in Thailand: Lessons from the 2011 General Election*, Bangkok: White Lotus Press, pp. 15-44.

〈タイ語ウェブサイト〉

Chaopraya news. www.chaoprayanews.com（２０１８年３月４日最終アクセス）

MGR online. www.mgronline.com（２０１８年３月４日最終アクセス）

コラム1

タイ政治と学生の人文字――タムマサート大学とチュラーロンコーン大学のサッカー交流戦から

長島朝子

チュラーロンコーン大学とタムマサート大学は、年に一度サッカーの交流戦を行っている。1934年のタムマサート大学開学当初から続く伝統ある交流戦で、日本で言えば野球の早慶戦のように有名で大きなイベントである。タムマサート大学は、試合の休憩中（ハーフ・タイム）に応援のスタンド席から人文字で政治的メッセージを発信する。

タムマサート大学はタイを代表する大学の一つで、1932年の立憲革命による民主主義への意識の高まりによって、1934年にチュラーロンコーン大学の行政学部が独立し開学した。加えて、学生も知識人として政治運動を主導してきた歴史がある。代表的な事件としては、政府側が民主主義を求める学生集会に発砲した1973年10月14日の「10月14日事件（10月政変）」や、タムマサート大学構内で不敬罪を理由に学生が逮捕や殺害された1976年の「10月6日事件（血の水曜日事件）」が挙げられる。

交流戦の始まった当初は、応援歌、横断幕、メッセージを描いたTシャツだけであったが、後に人文字を使ったパフォーマンスを伴う見せ方へと発展した。現在、人文字を作成しているのは、チアクラブと呼ばれる学生団体で、人文字作成部を主とする14のユニットから構成されている。約1か月をかけ、話題のニュースやその年に起こった出来事のキーワードをつなげた物語性のあるメッセージに作り上げられる。交流戦当日まで内容は公開されず、チアクラブ内だけで共有するという規則がある。また、メッセージはタムマサートの学生の味方であり、学生内で一致した意見を持っていなくてはならない。メッセージはより良い社会の追求を目的としているのに加え、人々が興味を持つ情報を取り上げることで、政策への反映も目指している。

以下では、2011年（第67回）、2012年（第68回）、2015年（第70回）と2016年（第71回）の計4年分のメッセージから、特に、政治的問題に関する要求や批判に注目し、メッセージに反映された学生の政治状況に対する考えを一部ではあるが、紹介し解説する。

アピシット政権下であった2011年に発信された以下のメッセージでは、タックシン支持派の赤シャツ（UDD）対反タックシン派の黄色シャツ（PAD）の政治混乱を取り上げ、その原因となったタックシンを皮肉っている。タックシンが行った低所得者層へのバラマキを批判し、赤シャツ派と黄色シャツ派の対立のない、平和な社会を望んでいた。

ถึงร้ายก็รัก　悪くても愛してるよ
พรรคร่วม　連立政権

รักเพราะว่า　愛してるよ
ไม่จน　貧乏じゃないからね
มีสตางค์　お金はある
ให้จ่าย　使わせるための
ทักษิณ-นปช　タックシン―タックシン派

ม็อบเหลือง　黄色派
ม็อบแดง　赤派
สุดท้าย　最終的には
ไม่ว่าสีใด　どの色でも
ขอให้　どうか
คนไทย　タイ人どうし
รักกัน　仲良くしようよ

赤シャツと黄色シャツの対立構造を生み出したのはタックシンであることを訴えているのでは

2016年交流戦の人文字（タムマサート大学チアクラブFACEBOOKより）

ないかと考えられる。連立政権を作り上げたタックシンは、ポピュリズムによって集票目当てのバラマキの政策を打ち出し、30バーツ医療制度や農民債務の返済猶予などの貧困対策で、金銭的に恩恵を受けることのできた貧困層から絶大な支持を受けた。タックシンの支持者が低所得者層に偏ったことは、逆に反タックシン派を浮き彫りにしてしまったのである。

その後、2006年にタックシン政権が崩壊してから、2011年のインラック政権成立までは、赤シャツと黄色シャツの活動が最も激化した時期であった。2008年の黄色シャツ派による空港占拠、2009年の赤シャツ派によるASEAN会議が開催されたパッタヤーのホテル乱入や2010年のバンコクで起こった一部の赤シャツ派が暴徒化した「流血のソンクラーン」などである。タックシンの生み出した赤と黄色の派閥によりタイ人が対立し、デモや抗議運動が頻繁に行われ、時には衝突や流血が生じたことを悲しんでおり、色は関係なく平和な生活を望んでいる。

　２０１２年においても、裏で糸を引く兄タックシンと妹インラック率いるタイ貢献党の政治支配を批判している。反タックシン派の非民主的な手段も批判しており、タックシン派、反タックシン派のどちらも支持しない民主主義を希求していた。

อยู่เหมือนไม่อยู่　あるようでない
พรรคร่วมรัฐบาล　連立与党

ไม่อยู่　いない
ก็เหมือนอยู่　でもいるみたい
ทักษิณ　タックシン〔元首相〕

อยู่แค่ชื่อ　名ばかり
ประชาธิปไตย　民主主義
อนาคตไทย　タイの未来
I have no respond.　私には分かりません。
Please teach me.　教えてください。

　インラック政権は国家開発・国土貢献党やタイ国民開発党など6党連立の与党であったにもかかわらず、インラック率いるタイ貢献党が完全に政府を支配していることを「あるようでない　連立政権」という表現で皮肉っている。

　タックシンは、妹のインラックを首班とする政権の裏で糸を引いていると言われ、政治の表舞台に出てこないことを「いない　でもいるみたい」と表現している。

　インラック政権は低収入の農家を対象としたコメ担保融資制度に代表されるが、兄タックシンと同じように、ポピュリズムによる票集めを行ってきた。さらに、２０１１年11月のタックシン帰国のための恩赦勅令案の提出も行った。民主主義に基づいた選挙により成立した政権で、民意を反映しているはずが、実際のインラック政権はそうではないことを批判している。選挙をすればタックシン派が勝利する状況が生まれるが、バラマキによって獲得した支持では民意を反映していない。

一方、反タックシン派は、非民主的な手段をしばしば用いてきた。２００６年タックシンが下院を解散した後に控えていた総選挙では、アピシットは選挙に参加しないことを表明した。民主主義を希求していながら、非民主的な行動をとっていることも批判している。

タックシン派も反タックシン派も「名ばかり」の「民主主義」であると批判し、タイの将来を危ぶんでいる。最後には、"I have no respond. Please teach me."というメッセージで締めており、「（タイの未来について）私には分かりません。教えてください」と改めて民主主義を求めている。

２０１５年でも、暫定首相プラユットが作詞した歌の替え歌を用いて、プラユットや軍事政権を批判している。２０１４年クーデタの直後の開催であったこともあり、民主主義を取り戻すことを強く訴えていた。

ขอความสุข　幸せを
คืนคนในชาติ　国民に返してください
ขอมารยาท　礼儀を取り戻させて
คืนประ...ยุ...　プラ…ユ…〔首相〕に
คืนประเทศยูเอส　（じゃなくて）プラテート・ユーエス〔米国〕に

พี่ขอเวลา　時間ほしいって言うけど
หนูไม่ขัดข้อง　構わないよ
พี่ขอปรองดอง　和解してほしいって言うけど
แต่ฟังหนูมั้ย　私の言い分聞いてる？
ขอตรวจสอบ　（不正の）監査したいのに
จะฉุนทำไม　どうしてそんなに怒るの？
ขอประชาธิปไตย　民主主義を返してください
เมื่อไหร่จะคืน　それはいつになるの？

プラユットは民主主義に戻すことを最終目標とし、「幸せを国民に返してください」と政府のスローガンを掲げた。これはプラユットが作詞した曲「タイに幸せを取り戻そう」の歌詞の一部でもある。

インタビューされると腹を立てるというプラユットの無礼な態度を皮肉るメッセージがあることから、プラユット軍事暫定政権では「国民に幸せは返ってこない」と暗示している。また、アメリカは、他国の内部まで入り込み、戦争に介入し、他国の政治に口出ししてきた。国として無礼ではないのかという批判がある。このことから、アメリカに対する批判に見せかけているが、実は「礼儀を取り戻させる」相手は、インタビューで腹を立てるプラユットであると考えられる。しかし、プラユット首相と名前を全部言うことははばかられるため、「プラ…ユ…〔首相〕に」の「…」という部分で暗示し、「〔じゃなくて〕プラテート・ユーエス〔米国〕に」を付けて、真意を隠している。

「私たちは約束します 時間を下さい」という歌詞が、人文字では「時間ほしいって言うけど構わないよ」という替え歌となっている。これは、民主主義に戻るのかどうか疑っていると解釈できる。さらに、「タイに幸せを取り戻すために、私たち〔軍人〕は頑張る」といった内容が、和解や不正監査に言い換えられ、最後には民主主義の返還要求になっている。

「和解してほしいって言うけど 私の言い分聞いてる?」の部分は、２０１２年5月24日の国民和解法案を指している。和解特別委員会の委員長で、野党母国党党首のソンティ・ブンヤッタクリンが提出した。反タックシン派で黄色派の民主市民連合（ＰＡＤ）からの反発があり、審議入りは見送られた。「私の言い分」とは、タムマサートの学生が、赤シャツ派でも黄色シャツ派でもない立場で、双方の対立をやめよう訴えていることである。

2014年5月8日、タイ国家汚職防止取締委員会（NACC）はインラック元首相を訴えた。必要以上に高値でコメを買い上げたことに対し、職務怠慢や職権乱用の罪が問われた。「なんでそんなに怒るの？」とは、プラユット暫定首相が記者から民主主義について質問を受けると、いつも怒るという状況を指す。民主主義を求めることは、タックシン派のインラック政権を支持することと同義ではない。それなのに、民主主義について質問を受けると腹を立てると批判している。不正の監査とインタビューされると腹を立てることのつながりは、タックシン派を支持してはいないが、プラユットの軍事政権ではない民主主義を希求していることを意味する。「民主主義を返してください」という以下のメッセージにつながる。

2016年も軍事政権下であり、1997年からの憲法に触れ、民主主義を求めている。

กลัวเป็นบ้า　とても恐ろしい
รธน.ใหม่　新しい憲法

พรุ่งนี้　明日は
วาเลนไทน์　バレンタイン
คุณมีใคร　誰かいる？
ให้คิดถึง?　思いを寄せる人は
คิดถึงเป็นบ้า　バカになるほど恋しい
แค่ได้คิดถึง ก็เป็นสุขใจ　想うだけで幸せ

新しい憲法とは、1997年以降に成立した憲法を指している。1997年憲法は最も民主的だとされ、軍事政権にとって恐ろしいと分析できる。加えて、タックシンにも関係していると考えられる。97年憲法は大政党と強い首相を目指した憲法であり、その成果としてタックシンが出現した。97年憲法で民主的な政治を目指したはずが、タックシン体制を生み出し、クーデタで軍事政権に逆戻りしてしまった。そして、「赤」対「黄」

の対立を作り出し、政治混乱を招いた。タイ国民にとっても「恐ろしい」憲法であると言える。

２００６年にタックシンを追い出した後には、２００７年憲法が成立した。タックシン政権のような「強すぎる政権」を阻止することが目標となった憲法である。インラック政権時代にタックシン帰国のために改正を試みるが、実現しなかった。２０１４年憲法草案では、第44条に軍事司令官が全権を掌握できる規定を盛り込んでいる。プラユットはその権利で汚職をなくしたいとしているが、プラユット自身が汚職をしているのではないかという疑惑がある。また、第44条でプラユットに権力が集中してしまう新憲法草案は、タイにとって良くないのではないかと考えられている。２０１６年８月７日、国民投票が実施され、61・35％の賛成で新憲法草案が承認された。

人文字が終わった後に民主記念塔の絵が提示された。民主記念塔は、タイ人にとって民主主義の象徴となっている。バレンタインに片思いの人を想うように、バカになるほど恋しくて、想うだけで幸せなのは民主主義に対してである。

タムマサート大学は政治家や首相を輩出し、学生たちは歴史的に民主化運動の最前線に立ってきた。右で解説してきたように、将来タイ社会を担う学生が交流戦で発信する人文字のメッセージは、政治色が濃い。学生たちは、赤シャツ対黄色シャツの混乱や、タックシンやインラック政権批判、軍事政権批判を行い、民主主義を要求している。

【参考文献】

高橋勝幸「風刺パレード：チュラー・タマ大伝統サッカー試合　ウボン日記～その４～」『タイ国情報』44（1）、35～41頁、２０１０年
――「ピサヌローク便り～その12～威厳令下の政治風刺パレード：学生運動の分岐点になる

か？」『タイ国情報』49（2）、66〜74頁、2015年
高橋徹『タイ 混迷からの脱出──繰り返すクーデター・迫る中進国の罠』日本経済新聞出版社、2015年

第3章

〈フィリピン〉

国家を盗った「義賊」

——ドゥテルテの道徳政治

日下　渉

ロドリゴ・ドゥテルテ（出典：PCOO EDP）

1　はじめに

本章では、ロドリゴ・ドゥテルテ大統領が、その権威主義的な性格と麻薬戦争による大量の犠牲者にもかかわらず、なぜフィリピン人の大多数から支持を得ているのかを検討したい。2016年6月1日から2017年1月31日の間に、7080人以上が「合法的」あるいは「超法規的」に殺害されたと推定されている［Bueza 2017］。フィリピン政府は同期間における犠牲者数を2500人ほどと見積もるが、それでも未解決の殺害事件が5000件以上ある［Philippine Center for Investigative Journalism 2017］。いずれにせよ、ドゥテルテの支持率は2017年9月時点で、SWS社によれば67%、パルス・アジア社によれば80%と高い水準を維持している。

マーク・トンプソンは、ドゥテルテが人気を博すのは、自由民主主義の理念が失敗してきたからだと説明する［Thompson 2016］。ウォルデン・ベリョにいたっては、民主主義、人権、法の支配といった理念の挫折から生まれたファシストとしてドゥテルテを評する［Bello 2017］。ただし、ファシズムの概念はドゥテルテへの全階層的な支持を説明しようが、一般民衆による権威への自発的服従を強調するので、ドゥテルテ支持者の主体性を十分に捉えられない。他方ニコル・クラトは、ドゥテルテの「刑罰ポピュリズム」が民衆の主体性を喚起し、薬物使用者や密売人を「危険な他者」に仕立て上げたと論じた［Curato 2016］。私はクラトの議論に概ね同意するが、彼女はドゥテルテが引き起こした急激な変化を強調するので、それ以前の政治との関係を看過してしまいかねない。

これらに対して私は、ドゥテルテの超法規的な正統性を説明する別の視点として、アキノからドゥテルテへという政権の移行に伴う「道徳政治」の変化と連続に着目したい。ここでいう道徳政治とは、「善き我々」と「悪しき彼ら」の定義をめぐるヘゲモニー闘争を意味する［日下 2013］。なお、本論を執筆するにあたって、２０１６年5月と8月に「ペッチャイアン」と呼ばれるケソン市のスラム地区を中心にマニラ首都圏で、同年8月にミンダナオ島ダバオ市で、２０１７年3月にレイテ島アルブエラ町でフィールド調査を行った。

本章ではまず、大統領選挙において、なぜ「規律」という道徳言説が支持されたのかを説明する。次に、インターネットを通じて共有された「都市伝説」によって、ドゥテルテが合法性を超えた正義を実現する「義賊」として構築されたと主張する。そして、犠牲者のほとんどが貧困層であるにもかかわらず、彼らの多くが麻薬戦争を容認するのは、罰せられているのは「不道徳な他者」であって、自分たち「善き市民」はむしろ救われていると信じているからだと論じる。最後に、義賊的なリーダーが国家権力の頂点を奪取したこととの矛盾を明らかにしたい。

フィリピン地図

出典)『フィリピンを知るための64章』(明石書店、2016年)より一部改変。

2 道徳をめぐる闘争

(1) フィリピンの選挙における道徳言説

民主化後のフィリピン政治では、「悪しき他者」に対抗する「善き我々」という集団的アイデンティティを構築する道徳政治が台頭した。戒厳令期以前にも、こうした道徳言説は使われたものの、クライエンタリズム(恩顧主義)を通じた資源配分という「利益政治」のほうが、政治派閥の形成や選挙結果に大きな影響を与えた。しかし民主化以後、利益の配分よりも、道徳言説が政治過程を規定する事態が生じたのである。たとえば近年の大統領選では、資金力と組織力に劣った候補者が、道徳言説を駆使することで、より有力なライバルを打ち負かす事態が続発している。

その背景には、貧困層がより自由に政治参加できるようになったことがある[日下 2013: 39-41]。まず、貧困層でも海外出稼ぎの機会をつかめれば、エリートの資源配分に依存しないで暮らせるようになった。次に、かつてエリートの指示に従って投票していた貧困層も、1990年代からテレビ、2010年代からインターネットが普及したことで、自ら情報を得て候補者を選べるようになった。さらに民主化後には、多くの野心的な候補者が自身の政党を立ち上げる不安定な複数政党制が登場し、戒厳令以前の2大政党制がなくなったことで、資源配分の回路となっていた中央と地方のエリートのつながりが弱まった[Sidel 1998]。その結果、地方選挙では依然として資源配分が重要だが、全国を一つの選挙区とする大統領、副大統領、上院議員選挙では、候補者は資源配分だけで有権者の投票を支配できなくなった。こうして、エリートによる貧困層の投票に対する支配が弛緩してきたのである。

この新しい状況では、組織力と資金力に劣る候補者でも、メディアを通じて自らの道徳言説を有権者の希望や不安と共鳴させ、「我々」を悩ます汚職・貧困・犯罪といった敵に立ち向かう道徳的なリーダーというイメージを打ち立てることができれば、十分に勝利の見込みがある。有権者は候補者の様々な道徳言説を吟味して、フィリピンが抱える問題への改善策を見極める。そうした有権者の吟味に耐えて世論調査で最有力候補になれば、次期大統領への影響力をねらうビジネス界から寄付を得られるだけでなく、勝ち馬に乗ろうとする多くの政治家たちを束ねて組織的基盤も強化できるのだ。

民主化後のフィリピン政治で重要な役割を果たした道徳言説を取り上げてみよう。まず、腐敗に対抗する「国民の連帯」という道徳言説は、1986年にピープル・パワー革命による民主化を実現しただけでなく、その政治的遺産を継承したフィデル・ラモスを1992年に、ベニグノ・S・アキノ3世を2010年に大統領選挙で当選させた。次に、貧困と不平等の解決を訴える「貧者への優しさ」という道徳言説は、伝統的エリートから権力を奪取しようとするカウンターエリートらに用いられてきた。これは、1998年に俳優出身のジョセフ・エストラダを勝利に導いたし、2004年にはグロリア・マカパガル・アロヨの選挙不正がなければ、やはり俳優のフェルナンド・ポー・ジュニアを同様に当選させていただろう［Thompson 2010］。2010年大統領選挙でも、「貧者への優しさ」をアピールしたエストラダとマニュエル・ビリャールの合計得票数は、当選したアキノより多かった。

(2) 2016年選挙における道徳言説の闘争

2016年の大統領選挙では、4つの道徳言説がしのぎを削った。アキノの後継者、マニュエル・ロハスは腐敗と闘う「誠実な道」(*Matuwid na daan*)を継続すると訴えた。グレース・ポーは、清廉なイメージと「有能で優しい」(*Galing at puso*)を掛け声にした。ジェジョマール・ビナイは、「ビナイがいれば生活が良くなる」(*Ganda ang buhay kay Binay*)と語り、貧困層への惜しみない支援を約束した。ドゥテルテは「勇敢で困難な人に寄り添う」(*Matapang at malasakit*)と、犯罪に対する「規律」を打ち出し、これが大きな支持を得た。国民を分かつ階層対立に訴えたビナイ以外は、腐敗や犯罪といった「国民の敵」に対抗する「我々」の連帯を構築しようとした。

ドゥテルテの勝利には、いくつか説明すべき問いがある。第1に、1990年代後半以降長らく「貧者への優しさ」という言説が有効だったにもかかわらず、なぜ貧者への医療無償化や減税を約束したビナイは惨敗したのだろうか。彼には多くの汚職疑惑が寄せられたが、それを指摘するだけでは不十分だ。なぜなら、貧困層の多くは、たとえ腐敗していようとも困窮した者を助けようとする政治家を支持する傾向をもったからだ[日下 2013: 204-214]。ペッチャイアンの人々に聞くと、彼らは「貧者に優しい政治」というお馴染みのスローガンに飽きてきたようだ。あるタクシー運転手が言うには、「ビナイに投票したら、腐敗のシステムを長続きさせてしまう。おれたちはいま腐った政治家のおこぼれにあずかるんじゃなくて、システムそのものを変えないといけないんだ」(ジュン、2016年2月23日)。こうした語り口の背景には、経済成長によって、より多くの貧困層が政治家の施しに依存しないですむようになったことがあるだろう。また逆に、成長から取り残された者たちも、「貧困への

ドゥテルテの投票日前の最終政治集会の様子（2016年）
（上：Richard Atrero de Guzman 氏撮影、下：筆者撮影）

優しさ」という言説に幻滅してきたこともあろう。

第2に、アキノは教育、税制、性と生殖に関する健康と権利といった分野で改革を実行し、民主化後の大統領のなかでもっとも安定して高い支持率を維持した。だが、なぜ後継のロハスはアキノ支持者を味方につけられなかったのだろうか。ロハスのエリート的な性格や、交通渋滞対策、台風災害支援、サンボアンガ人質事件などにおける失策を非難するのは容易だ。しかし、彼の不人気さだけでは、アキノの改革路線継続にまで支持が集らなかったことを説明できない。アキノはライバルの汚職疑惑を執拗に追及して追い込んでいったが、より大きな腐敗の構造そのものには、ほとんど手を付けられなかった。ある弁護士は、マニラ首都圏の大渋滞になぞらえながら、「アキノとロハスの改革が正しい方向に向かっているのは分かるけど、遅すぎて結果が見えない。彼らの誠実な道は大渋滞中だ」と語った（ロン、2016年2月27日）。改革が遅々として見えぬなか、大地主層出身者であるアキノの道徳言説に対して偽善ではないかとの疑いも寄せられた。人々がより根底からの変化を求めていた時に、継続を訴えたこともロハスに不利に働いただろう。彼は最終的に国家機構そのものを集票組織として活用し、条件付き現金給付プログラムの受給者やバランガイの役人らまで動員したが、惨敗した。

第3に、より穏健な改革主義者に見えたグレース・ポーは、なぜ人気を維持できなかったのだろうか。アキノ政権からすれば、不人気のロハスを諦めて、世論調査で首位に躍り出たポーを後継候補に迎え入れなかったことが致命的な失敗となった。ただし、ポーの支持が徐々に下がっていったことを考えれば、たとえ彼女がアキノの後継候補になったとしても、その勝利は不確実だっただろう。ポーの魅力はドラマのような人生だ。孤児として生まれ、俳優フェルナンド・ポー・ジュニアの養子となり、フィリピンとアメリカの一流大学を卒業した。彼女の生い立ちは、学歴を重視する中間層にも、彼女の苦難に共感する貧困層にも魅力的だった。孤児にはフィリピン国籍がないので出馬は無効だと裁判に訴えられた時、ペッチャイアンの住民は、彼女に深く共感した。貧しい生まれゆえに様々な書類に不備があり役所手続き等で苦労するのは、彼ら自身の問題でもあるからだ。しかも「恩恵《グレース》」と名づけられた孤児が公の場で辱められる姿は、ドラマや映画で何度も繰り返されてきた受難、死、復活というカトリシズムの物語と通底した。だが、この魅力的なドラマは、選挙の2か月も前に最高裁判所が彼女の出馬資格を認めたとき頂点を迎えて終わってしまった。

(3) ドゥテルテの規律を求めた人々

ドゥテルテは、ダークホースのように、世論調査で最下位からトップに躍り出て、大統領選で勝利した。ドゥテルテはレイテ島マアシン町出身、ミンダナオ島最大の都市ダバオ市を地盤とする。父親はフェルディナンド・マルコス政権で閣僚も務めた政治家だ。母ソレダッドは夫の死後、ダバオで反マルコス市民運動を率い、1986年の民主化時にコラソン・アキノ新大統領によってダバオ副市長に任命されるが、法律家として検事を務めていた息子を推薦する。ドゥテルテは2年後の市長選で勝利すると、以来計7期22年間にわたってダバオ市長を務めた。その間、治安の回復、スピード違反の取り締まり、夜間の酒販売の禁止、公共の場での禁煙、投資を呼び込むビジネス許認可の簡素化、緊急車両の通報システムなど、改革的な地方政治を実施し、市の発展に寄与した[日下・加藤 2016]。

選挙戦における彼の道徳言説を特長づけるのは、麻薬、犯罪、汚職を撲滅する「規律」の訴えだ。

強権による人権侵害を懸念する声に対しては、善良な国民を守るために悪しき犯罪者を処罰するのは道徳的に正当で、法の遵守より優先されると反論した。彼の勝利は、支配的な道徳言説が「貧者への優しさ」から「規律」へと変化したことを意味する。たしかに、以前にも「規律」を訴えた政治家はいる。元フィリピン警察長官で現上院議員のパンフィロ・ラクソンは、断固たる犯罪対策で人気を博した。マリキナ市長やマニラ首都圏開発庁長官を務めたバヤーニ・フェルナンドも、「規律」を掲げて厳格な都市行政を実施した。しかし2人とも、大統領選や副大統領選に出馬すると惨敗した。

かねてより中間層は、社会秩序をしっかり統制できる「強い国家」を求めて「規律」を支持する傾向をもった。フィリピンを発展させるためには、リー・クアンユーやマハティールのように強権的なリーダーが必要というのだ。だが、貧困層にとってそれは必ずしも人気あるテーマではなかった。その背景には、都市貧困層の多くは、非公式な方法で生計を立てる不法居住者や露天商であり、「規律」の名の下に国家から排除の危険に脅かされてきたことがある。農村の貧困層は、「規律」よりも、資源の配分を政治家に求めた。たしかに、悪徳警察への「規律」を訴えたラクソンは、警察からの賄賂要求に悩んでいたタクシーやジプニー（乗合タクシー）運転手たちの支持を得た。しかし、彼が出馬した2004年の大統領選挙では、貧困層の大多数は「貧者への優しさ」を訴えたフェルナンド・ポー・ジュニアか、全国的に大々的な「ばら撒き」を行ったアロヨに投票した。

では、なぜ2016年選挙では貧困層までドゥテルテの「規律」を支持したのだろうか。ペッチャイアンの住民たちによれば、自由と民主主義が金持ちに喰い物にされた結果、物価は上がり続け、富も一部に独占され、やけくそになった者たちが犯罪や麻薬に走っている。これらを正すためには、家父長の鉄拳が必要だというのだ。ある若者は、「おれたちはもう独裁者にしか期待できないんだ」とさえ語った（ジョナサン、無職、２０１６年2月23日）。

こうした「自由と民主主義の過剰」に対する批判とドゥテルテの「規律」への期待は、階層を超えて広範に共有された。その背景には、規律なき腐敗した者たちのせいで、公的サービスが機能不全に陥ってしまったという「腐ったシステム」への怒りがある。例をあげよう。大企業は国税庁に賄賂を払って脱税する。密輸業者は税関に賄賂を払ってビジネスをする。公共バスやジープの経営者は監督する委員会に賄賂を払って車両の整備を怠る。交通違反者は警察に賄賂を払って見逃してもらう。警察に賄賂を渡せば、違法伐採も違法漁業も黙認される。役所の窓口前には「フィクサー」と呼ばれる仲介者がいて、彼らにお金を払えばあっという間に書類を手に入れることができる。２０１５年には、空港の職員が検査時に旅行者の手荷物に銃弾を入れて、賄賂を要求していたことが明らかになった。

こうした腐敗が長年にわたって繰り返されると、それは非公式ながら制度化され、法治主義に基づく公式の制度を侵食していく。この非公式な制度は、短期的には法規制を歪めることで少なからぬ人々に利益を与える一方で、長期的には公的サービスを機能不全に陥らせてきた。ドゥテルテの「規律」が支持されたということは、自らの自由を制限してでも腐ったシステムのもたらす不都合を解消したいと考える人々が増えてきたことを意味する。

たとえば、経営者は、渋滞と非効率な税関による商品の流通の遅れや、煩雑なビジネス許認可の手続きに不満をためている。華人系実業家は、国家が身代金目的の誘拐を根絶できないことに怒っている。中間層は、高い税金にもかかわらず劣悪な公的サービスに苛立っている。公共交通機関は死に物狂いの通勤を強いるし、警察が怠慢でスリや強盗もなくならない。短期契約労働者は、5か月ごとに契約を切られ、そのたびに役所をたらい回しにされて書類を集めないといけない。海外出稼ぎ労働者は、海外から精一杯送金したにもかかわらず、帰国すれば空港で賄賂を要求されるような母国に怒っている。災害被害者は、政府の非効率な緊急支援物資の配給など遅々たる復興支援を経験した。

より多くの人々が、海外出稼ぎや海外旅行を通じて法規制が厳しく施行されている諸外国の生活を知るなかで、変わらぬ母国への不満を蓄積させた。経済成長が続き「新興国」への仲間入りを果たしつつあるなか、これまでしょせん「途上国」と諦めていた問題に耐えられなくなったともいえよう。こうした現状に対して、ドゥテルテの支持者は、彼が腐ったシステムを破壊し、厳格な規律でもって公式の制度を再生させてくれると期待を寄せた。ドゥテルテの「規律」が勝利した背景には、いまこそまともな国民国家を築きたいという人々の渇望があったのである。

3 「義賊」ドゥテルテの構築

(1) 現代政治における義賊

ドゥテルテは「規律」を実施するうえで、必ずしも法の支配を遵守しない。それにもかかわらず、大統領就任から1年半経っても高い支持率を維持している。このことは、彼の正統性が国家の合法性の外側にあることを意味する。現地では、多くの人々が「ドゥテルテは民衆の英雄《フォーク・ヒーロー》のようだ」と語る。

これに触発されて、ここでは「義賊」をキーワードに、アウトロー的なリーダーを構築する民衆の論理に着目しつつ、ドゥテルテ政治の特徴を明らかにしてみよう。

もともと義賊は、近代国家と資本主義の浸透によって伝統的な社会秩序と生活を脅かされた民衆が、国家に服従しないアウトローの盗賊に、道徳的意味を付与することで生まれた［ホブズボーム 2011；南塚 1999］。18世紀の西洋では、地主や商人は拡大する市場で利益追求を優先し、共同体の貧しい住民の生活を保護する伝統的な義務を次第に放棄していった。近代国家は「囲い込み」法によって、新興ブルジョワの経済活動を支える一方で、民衆からの土地収奪を正当化した。民衆は、こうした社会不安のなか、富裕層から略奪して生計を立てる盗賊に、国家や権威に対抗する彼らの道徳を見出した。そして、バラッドや物語を通じて、義賊に関する様々な伝説を創出し、共有していったのである。

ただし、実際のアウトローは、必ずしも民衆の正義を体現していたわけではなく、彼らが身をおいた場所は地方エリートと民衆の間で曖昧だった。義賊研究の端緒を開いたホブズボームは義賊と民衆との密接なつながりを強調したが、後進の研究者はこの見解を批判し、彼らの多くが地方エリートに武装集団として仕え、民衆の抑圧に加担したと論じた［南塚 1999］。南塚によれば、義賊の様々な変種は、彼らが登場した社会と時期の構造的条件に拠っているという。近代国家が発展途上だった18世紀には、義賊は国家に対抗するアクターであったし、そのように想像された。しかし、19世紀から20世紀に近代国家の権力が社会の隅々まで浸透するようになると、義賊は国家からの自律性を失い、地方エリートと連携するなど、国家制度のなかで活動するようになったというのだ。

フィリピンにも、武器が拡散し暴力が吹き荒れた植民地期や戦後の混乱期に活躍した義賊伝説が豊富にある。それらは、権力者の抑圧から野山に逃れた者たちが、不死身のお守りを手にして超人間的な力を持ち、手下を率いつつ、民衆を苦しめる警察や軍隊、他の盗賊団たちと戦った武勇伝を語る。彼らは「盗賊」(*tulisan*)や、国家の法的制約からの外在性を示唆して「外の人間」(*taong-labas*)と呼ばれる。フランシス・ギアロゴによると、フィリピンの義賊は、粗野な言動でもって、植民地国家による支配と「文明化」の拒絶を象徴した。彼らは正義の喪失が強く認識された混乱期に、国家の法に代わる秩序を提供したことで、民衆からの支持を得たというのだ[Gealogo 1990; 2000]。

ただし、義賊の一部は独立運動にも身を投じた一方で、その多くは必ずしも社会変革の唱道者ではなかったし、私兵団として地方エリートと協働する者も少なくなかった。しかも、義賊の秩序はきわめて家父長的かつ男性優位的である。カビテの盗賊ナルドン・プティックは後に映画化されたが、この映画のなかで、ナルドンは民衆を苦しめる水牛泥棒を、死んだ水牛の内臓のなかに突っ込んで懲罰した。実際のナルドン・プティックも映画の主人公も、各地に複数の妻を持ち、その不死身の力を活発な精力によって誇示した。義賊映画では、男性の義賊集団による活躍が華々しく描かれたのとは対照的に、家族を失ってむせび泣く母や、英雄的な夫を待ち続ける妻といった女性の無力さも強調された[ibid.]。

現代政治では、大衆映画で義賊を演じた俳優のなかから政界に進出する者たちが出てきた。ジョセフ・エストラダは、戦後トンドの有名な強盗アション・サロンガを演じて人気を博し、サン・フアン町長から大統領にまでのぼりつめた。ナルドン・プティックを演じたラモン・レヴィリャ・シニアは上院議員に当選した。このように、政治に義賊的な人物が希求されるのは、極端な不平等社会のなか、法はしょせんエリートのためにすぎず、法を畏れぬアウトローでないと、この国は変えられないという認識が受け継がれてきたからである。ただし、地方エリートの多くは、こうした民衆の希望を喰い物にしてきた。彼らはパトロン－クライアント（庇護－従属）関係の道徳と義賊的道徳を強調することで、不平等で暴力的な社会秩序を正当化してきたからである。

いずれにせよ、ドゥテルテの合法性を超えた正統性は、義賊的なリーダーを希求する民衆の想像力から理解できる。ただし、かつての義賊が民話やバラッド、大衆映画によって作られたのならば、今回「義賊ドゥテルテ」のイメージを打ち立てて大統領へと当選させたのは、ソーシャルメディアを通じて共有された彼に関する無数の「都市伝説」だった。フィールド調査中に聞いた印象的な２つの話を紹介してみよう。

ダバオで麻薬をやって逮捕されても、ドゥテルテからひどく怒られるけど、「もう2度とやるなよ」と説教されて、釈放される時に1万ペソの小遣いをもらえる。でも3回目に逮捕されると、すぐ殺されてしまう。（ベス、家政婦、マニラ首都圏マラボン市、２０１６年2月25日）

ドゥテルテは、禁煙条例を破ってレストランでタバコを吸っているアメリカ人を見かけて、拳銃を抜き、こう言った。「お前には3つの選択肢がある。股間を撃ち抜かれる。投獄される。そのタバコを飲み込む」。彼は慌てて、タバコを口のなかに放り込んだ。（ヴィンス、研究者、ダバオ市、２０１７年2月23日）

1つめは作り話のようだ。2つめは、ドゥテルテを支持するコタバト州知事がフェイスブックで投稿したことから広まった。ただし、その投稿では禁煙条例を破ったのは、フィリピン人の旅行者だったので、噂が広がるなかで、彼の民族主義的な性格を強調するためにいつの間にかアメリカ人に置き換えられたようだ。なおドゥテルテは後に、タバコを飲み込ませたのは本当だが銃は向けてはいないと語っている［Rappler 2015］。こうした都市伝説は、ユーモアと虚実を織り交ぜながら、法の外部で温情と暴力によって民衆の正義を実現する家父長的リーダーという義賊の道徳を表している。

しかし奇妙なことに、本来、義賊的なリーダーにとって国家の支配は天敵であるにもかかわらず、ドゥテルテは国家権力の頂点まで奪取した。それゆえ、ドゥテルテの超法規的な暴力は、国家権力を拒絶する義賊のものとして捉えることはできない。むしろ、ジョルジョ・アガンベン［2007］の言う「例外状態」を作り出す近代国家の特徴を示していると考えた方が妥当だ。アガンベンによれば、近代国家は自ら定義する危機において「例外状態」を作り出し、「危険な他者」に対する法の執行を停止し、その殺害さえ正当化する能力を持つという。この意味で、ドゥテルテ政治は、義賊的リーダーと近代国家という相矛盾するものの合成物だといえる。そして多くのフィリピン人は、行き詰まりを見せる既存の自由民主主義政治に代わるものとして、これに希望を見出した。人々を苦しめる腐ったシステムを打破するためには、法の執行を停止して、「悪しき他者」を排除するのが有効だと考えたからである。

（2）義賊たちの平和構築

ドゥテルテをめぐる都市伝説には、彼の正統性を生み出した2つのテーマがある。まず、「ダバオ市における治安の回復」だ。1980年代、ダバオでマルコス独裁政権と共産主義運動の衝突によって治安が破綻したことは、ドゥテルテが台頭していく必要条件だった。1981年、共産党の軍事部門、新人民軍（NPA）はダバオで都市ゲリラ闘争を開始し、スラム地区のアグダオに拠点を作り始めた。これに対して、警察と国軍は強硬に対抗し、アグダオでは暴力が吹き荒れた。革命政権と反共自警団の内戦に突入していたニカラグアにちなんで、人々はアグダオを「ニカラグダオ」と呼んだ。

新人民軍に勧誘されたアグダオの住民は、5日間のトレーニングを受けた後、暗殺部隊「スパロー・ユニット」に配属されたり、革命税の徴収を任されたり、様々な任務を与えられた。だが、こうした急速な勢力拡大は組織の規律を弱め、新人民軍による暴力行為が乱発した。地域住民がケンカ相手の懲罰を新人民軍に依頼することさえあった。地域住民による新人民軍への反感が高まり、ついに1986年4月、7人の若者が銃を手に「新人民軍狩り」を始め、反共自警団アルサ・マサを結成した（ローランド・カガイ、バランガイ・レオン・ガルシア村長、2017年2月27日）。この3か月後にダバオに赴任したフランコ・カリダ中佐は、アルサ・マサに軍事的支援を提供してリーダーとなる。彼らは人気ラジオDJのジュン・パラをアルサ・マサのスポークスマンに迎え、運動はダバオ中に拡大していった。高校生までもが自らの地域を守りたいという義務感から、検問所での見張り役などについた。だが他方で、アルサ・マサの勧誘を断ると、新人民軍の一員だとみなされたため、しぶしぶ参加した者たちもいたという。

こうした混乱状態のなか、１９８８年、ドゥテルテは番狂わせ候補としてダバオ市長に当選した。彼は、ダバオの治安を回復していくことによって徐々に民衆の心をつかんでいく。当時18歳の高校生だった者はこう回想する。「ドゥテルテはとても傲慢な奴で、絶対に成功しないと思っていた。だけどとても危険だった市内の高校から自宅までの帰宅が、だんだん夜遅い時間でも安全になっていったんだ」（ラモン・バルガメント、バランガイ・ミンタル村長、２０１７年2月25日）。

住民たちは、ドゥテルテが治安を回復できたのは、アルサ・マサと新人民軍の双方とうまく関係を築くことができたからだと考えた。事実、ドゥテルテはアルサ・マサを「ダバオ市のコミュニティ精神」と賞賛し、警察の支援を提供してアルサ・マサのカリダ中佐に協力した［Guyot 1988: 11］。同時に彼は、山間部のパキバト地区へ撤退するよう新人民軍を説得した。彼は新人民軍のパラゴ司令官と戦略的な同盟を結び、誘拐された国軍兵士や警官を交渉によって釈放させた。新人民軍による誘拐とドゥテルテによる救出劇は何度も繰り返され、人民を苦しめる悪徳役人を罰する司令官、共産ゲリラさえ説き伏せる強い市長として双方の正統性を高めた。

興味深いことに、ドゥテルテが協力関係を結んだ2つの武装勢力のリーダーは、民衆の英雄と人権侵害者という相反する顔を持ち、ともに義賊的な人物だった。あるダバオのジャーナリストは「ドゥテルテは都市の義賊で、パラゴ司令官は山の義賊だ。2人は互いに協力してダバオの平和を守ってきた」と語った（アレックス、ジャーナリスト、２０１７年2月25日）。２０１５年、パラゴが国軍の襲撃により殺害されると、ドゥテルテは新人民軍が市のホールで葬儀を行い、市内で葬列を組むことを許し、友人の死に哀悼の意を示した。

アテネオ・デ・ダバオ大学のある教授は、いかにドゥテルテとパラゴが互いに縄張りを尊重しあって友好な関係を築いたのかについて、ダバオ市民の言い伝えを話してくれた。彼女によれば、ある登山者たちがアポ山を登っていたところ、新人民軍に捕らえられた。パラゴ司令官がドゥテルテ市長にその場所まで来るよう要求したところ、市長は怒りを隠さなかったがヘリコプターでやって来た。パラゴはこの地域には地雷が埋まっているので、登山者は通ってはならないと説明した。そこでドゥテルテは、新人民軍が市役所に窓口を設けて、登山者が事前に登山ルートの通行許可を得られるようにしてはどうかと提案した。市役所内に新人民軍が窓口を設けるとの提案にパラゴは当惑し、頭を掻いた。そして彼らは意気投合して、可能な登山ルートについて相談し始めた（ローデシタ・チャン、2017年2月23日）。

このように1980年代から90年代にかけてのダバオでは、国家の治安維持機能が破綻するなか、義賊的な人物らがそれぞれの縄張り内で社会秩序を打ち立てた。ドゥテルテ市長は競合する義賊たちと同盟を結び、包括的に社会秩序を支配する「賊長」になった。ダバオ市民は、ドゥテルテがマギンダナオ州を支配する悪名高いアンパトゥアン一族からさえも街を守ったと語る。アンパトゥアン一族は、2009年にライバル一族のメンバーやジャーナリストを含む58人を虐殺したことで知られる。彼らはダバオ国際空港に行く時には、重装備の護衛車両を引き連れてダバオ市中を我が物顔で走り回った。住民たちがドゥテルテに苦情を伝えると、怒ったドゥテルテはダバオ市内に武器を持ち込まぬようアンパトゥアンを説得し、ダバオを中立地帯にしたという。

（3）「非市民」のナショナリズム

もうひとつのドゥテルテ伝説のテーマは、「対立する多様な人々を快適にして包摂する」というものだ。前述のチャン教授が言うに、「ダバオは移民の町だ。ここには、キリスト教徒も、イスラーム教徒も、先住民も暮らしている。この多様性は宗教戦争につながってもおかしくなかったが、市長のおかげで私たちは平和に共存できる」（２０１７年2月23日）。たしかに、こうした説明には根拠がある。

ドゥテルテはダバオの多様な社会集団を包摂すべく、地方政治の制度を工夫した。広大な行政地域を持つダバオ市では、１９５０年代より、各行政区から任命された「代理市長」がそれぞれの地区行政を担当してきた。ドゥテルテはこの制度を活用して、イスラーム教徒と先住民の諸集団のリーダー計11名を市長代理に任命した。先住民ルマッドの代理市長は、ドゥテルテのおかげで先住民が市行政の公式セクターとして認められたと感謝を語る。またドゥテルテが、イスラーム教育のためのマドラサやイマームに資金を提供するだけでなく、年間20人のイスラーム教徒をメッカに派遣する支援も行っていると強調した（ニカノール・モハメド、２０１７年2月25日）。マラナオ人の代理市長は、ドゥテルテがマラナオの多くが生計を立てている海賊版ＤＶＤの販売を保証してくれたことも大事だとつけ加えた（ランディ・ウスマン、２０１７年2月25日）。

イスラーム教徒への強力なアピールは、大統領選挙のキャンペーンでも発揮された。ドゥテルテは、イスラーム教徒にミンダナオの先住民としての権利を与えるべきだと訴えた。マニラの政治集会では、キリスト教徒にも「アッラーは偉大なり」と唱えるよう促し、「この言葉は神を讃え、同胞を傷つけないということを意味するだけなので恐れなくてもいい」と訴えた。また彼は多様な国民の連帯の象徴として、自身の家族の混血性を積極的に語った。母方にはマラナオ人とカマヨ人の血が入っており、父方は華人にルーツを持つ。8人いる孫のうち4人がキリスト教徒で、4人がイスラーム教徒だと強調した。通常、候補者はシンボル・カラーを決めて選挙戦を戦うが、ドゥテルテは特定の色ではなく、国旗を効果的に活用した。演説の前には国旗に口付けをして右手を左胸にそえた。集会に集った支持者の上には巨大な国旗が覆いかけられ、金持ちも貧者も、キリスト教徒もイスラーム教徒も、みなが国旗を地に落とさぬよう手を挙げて持ち上げた。

こうしたナショナリズムへの訴えは十分に成功し、彼は全ての階層から支持を得ることができた。全階層からの支持を得たのは、2010年大統領選挙で勝利したアキノと同様だ。それ以前、1998年と2004年の選挙では、国民を分断する不平等と貧困が主要な争点になったことを考えれば、アキノとドゥテルテによる階層分断を超えたナショナリズムが成功したことは新たな展開である。しかし、両者によるナショナリズムの道徳的な参照点は対照的だ。アキノは腐敗に対抗する「品行方正なフィリピン人」という市民的道徳を打ち出した。彼の集会では、フォーク歌手のノエル・カバンゴンが「私はひとりの善きフィリピン人」(*Ako ay Isang Mabuting Pilipino*)を歌い、ゴミを散らかしたり、汚職をしないといった市民的道徳を訴えた。アキノは、マルコス独裁政権に暗殺された父と、ピープル・パワーによる民主化の立役者になった母という、両親から受け継いだ道徳的資源を活用し、悪しき政治に対抗して団結する「ピープル」の道徳的指導者を体現しようとした。

他方ドゥテルテのナショナリズムは、排他的な愛国主義や男尊女卑といった要素さえを含む「非市民」的で粗野な地方文化に根を持つ。彼の演説を聞いていると、まるで田舎で農民たちとヤシ酒を飲み交わしているかのような気になる。しかもドゥテルテは、自身の民族主義的な歴史観を、「ビスダック」と呼ばれるビサヤ語文化圏の文化と結びつける。彼は「マゼランがフィリピンに来た時、ミンダナオはイスラーム教徒のものだった」とよく語るが、その語り口はビサヤ出身の歌手ヨヨイ・ヴィリャメの有名なジョーク・ソング「マゼラン」にそっくりだ。こうしたビサヤ語文化への接続は、彼の民族主義的な訴えにユーモアの感覚を加え、その権威主義的な言動を中和した。彼は演説が中だるみすると悪態と暴言で聴衆を喜ばせ、聴衆は拍手とドゥテルテの名の喝采でそれに応えた。こうした非市民的文化は、女たらしだったり、感情の抑制をできず暴言を吐いたりするといった彼の様々な欠点にさえ親しみ深さを与えた。

地方出身者の多くは、ドゥテルテの言動にマニラの偽善的なエリートに対する地方からの文化的・道徳的反撃という意味を見出した。レイテやダバオで人々の話しを聞くと、マニラの知識人やメディアはまるで自分たちだけが道徳的な正しさを独占する権利をもっているかのようだと、その偽善性を批判する。レイテのある女性は、「いま私たちが経験しているのは、マニラと地方の間における文化の衝突だ」と語った（メデリーン、アルブエラ町長秘書、２０１７年3月10日）。

では両者のナショナリズムは、いかなる「他者」の排除に基づいて「道徳的な我々」を構築しているのだろうか。アキノのナショナリズムは、後述のように、市民的道徳の枠にはまらない貧困層を周縁化する傾向をもった。他方、高学歴の専門職から、農民、スラムの住民まで、非常に多様な人々が嬉々としてドゥテルテの都市伝説を語ったことからも分かるように、彼のナショナリズムはより包摂的だ。この包摂性が可能になったのは、非効率で腐敗したシステムに対する不満が広く共有されていたからだろう。しかし、ドゥテルテの「規律」を支持する「道徳的な我々」とは、麻薬関係者など彼によって定義された「国民の敵」を「不道徳な他者」として暴力的に排除したうえで構築されたものだった。

4　道徳と殺人の共犯性

（1）道徳に訴える貧困対策

麻薬の密売は長らく国家の腐敗構造と深く絡まり合い、警察官や政治家らの裏収入源となってきた。警察や役人らが賄賂を受け取って麻薬の密売を黙認したり、自ら密売を取り仕切ってきたのはもはや公然の秘密だ。これに対してドゥテルテは、麻薬問題を腐ったシステムの象徴、国民に対する最大の脅威と位置付けて、国家による断固たる解決を約束した。麻薬戦争による犠牲者の大半が貧困層であることを考えれば、富裕・中間層の81％がドゥテルテを信任するのは、まだ理解できる。だが、なぜ、貧困層の80％、最貧困層の77％もが彼を支持しているのだろうか（SWS社、2017年3月）。その理由は、麻薬問題に巻き込まれた貧困地区において、「善き市民」を自認する人々が、麻薬戦争によって危険な隣人である「不道徳な他者」から救われていると認識していることがある。麻薬関係者が「善き市民」の安全と繁栄のために排除されるべき危険な他者に祭り上げられたのだった。「麻薬中毒者は社会がきれいになるために排除しなくちゃならない。自分の兄弟でも麻薬をやめなければ警察に通報するよ」（ノノイ、警備員、アルブエラ町、２０１７年２月25日）というのだ。

こうした認識が広まった一因として、市民的道徳に訴える国家とＮＧＯの貧困対策プログラムによって、貧困層が「救済する価値のある見習い市民」と「救いようのない貧乏人」に分断され、後者の排除が正当化されたことがあるようだ。

道徳的な貧困対策プログラムの代表例は、世界銀行、アジア開発銀行の支援を受けて２００８年から実施されてきた条件付現金給付プログラムだ。アキノ政権はこれを２０１５年８月までに４３５万世帯に適用し、ドゥテルテはこれをさらに拡大すると約束した。受給者は貧困地域に住む妊婦および14歳以下の子どもを持つ母親で、彼女たちは30人ほどのグループを作る。女性のエンパワーメントという表向きの理由と、酒やギャンブルで現金を浪費しやすいとの暗黙の想定のもと、男性は受給の対象外となっている。女性たちはソーシャルワーカーの指導のもと、妊娠検診、公衆衛生、義務教育、責任ある親子関係などに関する「家族開発セッション」を受講し、ビンゴなどのギャンブルをやめて、子どもを毎日学校に通わせているかなどをチェックされる。そして、こうした道徳的要件を満たすと、母親は月に５００ペソの「健康栄養費」、子どもひとりあたり月に３００ペソの「教育支援費」を最大３人分まで支給される。

関恒樹によれば、この金額は貧困層が貧困から抜け出すには少額すぎる。むしろ現金給付の本当の目的は、貧困の連鎖を断つべく子どもたちのより良い教育と健康のため、貧困層が自らの状況を内省し、近隣住民との協力を通じて責任ある「道徳的市民」になれるようエンパワーメントする「人的資本への投資」にある。関はこれを、人々の欲望、希望、信念を鋳造し、「彼らを責任ある自由な存在」として「主体化／臣民化」し、監視し、評価し、支配する新自由主義の統治に他ならないと主張する。そして、多くの貧困層が現金給付をありがたく思う一方で、自身の生活様式を不道徳だと批判され、現金と引き換えにそれを矯正するよう説教してくる道徳的介入に反発を覚える人々もいると論じる［Seki 2015］。条件付現金給付は、すべての貧困層を「道徳的市民」に変えることに必ずしも成功しておらず、貧困層のなかに道徳的な分断を生じさせているのだ。

２０１２年に成立した「性と生殖に関する健康・権利法」にも、同様の特徴を見出せる。同法の立法化運動は、高い人口増加率が経済発展と貧困の削減を阻害していると考えた市民社会組織が主導した。当初は経済学者らが、家族計画の経済的メリットを強調した。貧しい女性は望まぬ妊娠をしがちで、子どもに十分な教育を与えられず、貧困を再生産している。その結果、公教育や医療により多くの財政支出が必要となり、納税者に過大な負担を強いているというのだ［Pernia et al. 2012］。しかし、家族計画の提唱はカトリック教会の強い反対にあったので、女性団体は女性の性と生殖の権利を主題に変えた。すなわち、貧困女性に自らの身体を尊重する権利と子どもの数を決める「実質的な選択の自由」を与えることが貧困解決の鍵だと訴えたのである［Bag-ao 2012］。この目的のために、この法律は、貧困女性を対象に、家族計画の情報と手段だけでなく、未成年の妊娠、女性と子どもの権利、責任ある未成年の行動規範、責任ある親子関係などに関する「価値形成」教育を提供すると定めた。

こうした道徳に訴える貧困対策は、女性のエンパワーメントを目的に掲げる。だがそこには、貧困層が貧しいのは怠惰、ギャンブル、飲酒、喫煙におぼれ、無責任にも多くの子どもを作りすぎるためだとする国家や中間層の暗黙の想定が埋め込まれている。いわば彼らは、貧困女性を規律化し、家庭内で子どもや夫を不道徳な生活から救い出し、「善き市民」へと導く道徳的エージェントとして活用しようとしているのだ。

だが、こうした道徳的介入は、いくつかの意図せぬ結果を生み出したように思う。まず、貧困女性の負担を増大させ、家庭内の父親の権威を弱めた。この傾向は、農業の停滞と男性の慢性的な低収入、海外出稼ぎ労働の女性化、女性に起業を促すマイクロファイナンスの浸透などによっても強められてきた。こうした家庭内におけるジェンダー関係と道徳的主導権の変化が、逆に家族をしつける家父長の鉄拳を求める反動を生じさせ、ドゥテルテを支持する社会的土壌を作り上げたとも解釈できよう。次に、貧困の原因を貧困層の不道徳な生活に帰する暗黙の想定は、不平等と貧困の構造的な要因を非政治化し、個人化した。さらにこの想定は、麻薬関係者のように市民的道徳を拒絶し続ける者たちを、貧困地区のなかでも「救うに値しない他者」として排除することを正当化した。

(2) ドゥテルテに救われた人権

貧困層にとって、麻薬戦争は「善き市民」と「悪しき犯罪者」のどちらに分類されるかによって救いにも脅威にもなりえる。また彼らの置かれた状況は、地域によっても多様だ。ここではまず、「善き市民」がドゥテルテの麻薬戦争によって救われたと信じている事例として、レイテ島のアルブエラ町の経験を紹介したい。

２０１０年、セブ島の麻薬シンジゲートの一味だったケルウィン・エスピノサが、独立事業を始めるべく母親の出身地アルブエラ町にやってきた［Mayol, Napallacan, and Semilla 2016］。彼はバスケットボール大会や闘鶏大会のスポンサーとして、若者の間で有名になった。ケルウィンはそこに集った男らを麻薬の密売人に仕立て上げていく。雇用機会が希少な貧困地域で、これは容易な収入源となった。2013年11月、巨大台風ヨランダ（国際名ハイエン）が山間部の収入源であるココナツを壊滅させたことも、人々の経済状況を悪化させ、気持ちを滅入らせた。そんななか、覚せい剤が浸透していき、住民は「みんなコメの代わりにシャブを喰らって生きている」とさえ冗談を言い合った。街角で人目も憚られず取引が行われ、覚せい剤を買う金欲しさに盗みを働く者も増えた。なかには子どもに空き巣をさせ、見返りに少量の覚せい剤を与える者さえいた。治安が悪化し、すべての商店は午後5時には閉まり、夜間に出歩く人もいなくなった。

覚せい剤の浸透に続いて、暴力事件が頻発した。ケルウィンの子分らは銃を携帯し、覚せい剤で「ハイ」になってバイクや車を乗り回した。警察によれば、彼らは少なくとも28件の殺人事件に関与した［Bingco 2016］。犠牲者の多くは売上金を返さなかった密売人だが、なかには無実の犠牲者たちもいる。ケルウィンは豪邸を建てたビノルホ村の入り口に検問所を設け、面識のない人間が村を訪れると、手下にバイクで検問所から訪問者の目的地まで同行させた。あるアイスクリーム売りはスパイと間違われて殺された。2014年には、ビサヤ州立大学のスクールバスがケルウィンの車を追い越したところ、追い抜かれてバスを止めさせられ、学生らの目の前で運転手が射殺された［Jimenea 2014］。この殺害はケルウィンが所有するホテルの前で行われたが、その隣に住む男性も数日後に殺された。ケルウィンらは、その男性がバス運転手殺害について証言をしたと考えたようだ。

2016年5月のアルブエラ町長選挙に、ケルウィンの父ローランド・エスピノサが出馬すると、選挙がらみの暴力が深刻化する［Jimenea 2016］。ケルウィンは食料品と１３００ペソを有権者一人ひとりに配り、各地域で集票にあたる「リーダー」を勧誘していった。そのなかには現職町長の地域リーダーも含まれており、ケルウィンからの依頼を断った者は執拗な嫌がらせを受けた。そのうちの一人は町議会議員に当選した直後、バイクに乗った2人組に射殺された。ある定年退官した元警官で現職町長の地域リーダーは、ドゥテルテに触発されて、規律を掲げ地域の政治家の汚職疑惑を暴露した。するとケルウィンの子分に脅迫され、車を運転中に妻の隣で射殺された。彼の家族はセブを経由してダバオに逃れたが、交通費を工面できなかった彼の親族や友人らは、小船を海に浮かべてそこで眠った。

ドゥテルテの大統領当選は、エスピノサ父子にとって大きな誤算だったに違いない。だが、彼らはその後も覚せい剤の密売を続けた。おそらく、仕入先との契約があったり、賄賂で培ってきた政治家や警察との関係を過信していたからだろう。

麻薬王の暴力に怯えてきたアルブエラの住民にとって、ドゥテルテ政権が新たにアルブエラ警察署長に任命したジョヴィ・エスピニードは、まさに救世主だった。以前の警察署長たちはケルウィンから賄賂を受け取って麻薬と暴力を黙認してきたが、エスピニードは断固として麻薬王の支配を終わらせようとした。家族を殺された遺族らによれば、エスピニード警察署長と彼の部下は、ケルウィンの子分らによる嫌がらせから24時間体制で彼らを守ってくれたという。エスピニードのもと、警察は頻繁にパトロールを行い、携帯メールひとつでどんな時間でも駆けつけて問題の解決に尽力し、ヘルメットなしのバイク運転を厳格に取り締まったり、酔っ払いのケンカ仲裁まで行って、徐々に人々の信頼を得ていった。やがて報復を恐れて泣き寝いりを強いられていた被害者の遺族も、ケルウィンらに対する被害届を提出することに同意した。エスピニードは敬虔なキリスト教徒で、エスピノサ家の強制捜査に踏み込む前、断食して部下たちと毎日のように祈禱集会を開いたという。この強制捜査ではケルウィン一味の6人が死亡した。

2016年8月1日、ドゥテルテは、エスピノサ父子に24時間以内に降伏するよう警告する。ケルウィンは国外へ逃亡するが2か月後にドバイで逮捕された。他方、父ローランドは自首して麻薬密売に関する供述書に署名したが、11月5日に獄中で射殺される。それを指示したのはマルヴィン・マルコス第8地域犯罪捜査本部長で、その部下の警官らが実行した。マルコスはデラロサ警察長官に停職を命じられるが、すぐにドゥテルテに復職を許された。エスピニードはせっかく捕らえたローランドが殺害されたことにがっかりしたというが、その後に転任を命じられたオサミス市で、やはり麻薬王として知られたパラヒノグ市長らを殺害している。

ジャーナリストや現地住民の情報によれば、ローランド殺害の背後には、いくつかの解釈がある。まず、マルコスは地方選挙に出馬した妻の選挙費を賄うためケルウィンから賄賂を受け取っていたので、そのことが暴露されぬようローランドの口を封じたというものである。次に、マルコスはドゥテルテと同盟を組む故フェルディナンド・マルコス一族の遠い親戚で、それを配慮したというものである。そしてドゥテルテが、自身の長男パウロによる麻薬密売への関与をローランドによって暴露されぬよう、マルコスに命じて殺害させたというものである。

アルブエラの住民は、エスピニードとドゥテルテがいかに麻薬王の恐怖から自分たちを解放してくれたのかを熱心に語る。覚せい剤の密売者になった者たちでさえ、ようやく薬物をやめて普通の生活に戻れたので救われたという。殺害された元警官の妹はこう語った。「エスピニードがいなければ私たちは一生逃亡生活を送っていた。私たちはドゥテルテを批判する者たちに怒っている。彼らは前から政府にいるのに何もしなかった。ドゥテルテが勝利していなければ、兄の死も闇に葬り去られていた」（マリビック、小学校教師、２０１７年３月14日）。別の遺族もこう語る。「マニラの連中は、人権、人権と言ってドゥテルテを批判するけど、彼らはここでは人権を私たちに与えてくれたのがドゥテルテだったことを絶対に分かりやしない。私たちのような善良な市民は戒厳令を恐れない。悪い犯罪者が恐れているだけだ。私たちはもちろん支持するさ」（ナルディン、元船乗り、２０１７年３月14日）。

（3）自由のための規律

麻薬王を対象としたアルブエラは例外的な事例で、麻薬戦争では警察による末端の貧しい麻薬容疑者の処刑や恐喝がより頻繁に行われている。ドゥテルテは、捜査中に正当防衛で犯人を射殺してしまった警官を罪には問わないと約束した。また容疑者の殺害に秘密の報奨金が支払われているとも言われ、こうした法的・経済的支援が警察の暴力を助長しているのだ。ただし、暴力を働く警官のすべてがドゥテルテに忠実なわけではない。悪徳警官もドゥテルテの命令を利用して、麻薬容疑者を恐喝して金稼ぎしたり、自らの犯罪が暴露されぬよう手下だった売人を殺害したりしている［Coronel 2017］。こうして暴力が日常化するなか、かつて麻薬の常習者や売人だった者たちは、悪徳警察との付き合いがあったがゆえに、口封じされるのではないかとの恐怖に苛まれている。

私が2000年代初頭から調査してきたマニラ首都圏の不法占拠地、ペッチャイアンの事例から説明してみよう。2016年選挙の3か月前に現地を訪れると、多くの麻薬使用者たちまでドゥテルテを支持していることに驚いた。彼の粗野なしゃべり方はまるで自分たちのようで、その独特な存在感は様々なジョークのネタになるというのだ。旧友の麻薬常習者ボボイ（仮名）に尋ねた。「おい本気かよ。殺されちゃうかもしれないよ」。しかし彼は「そんなことはないさ。彼が大統領になればすべて自由になる」と答えた。予想を超えた言葉に混乱したが、しばらく会話を続けていると意味が分かってきた。彼は結婚をして子どももできたので、そろそろ覚せい剤をやめたいと思っていたが、悪友との付き合いもあってなかなかできなかった。だがドゥテルテの規律が、この悪癖から彼を救ってくれるだろうと期待したのだ。

「自由になるための規律」という言説は、彼やこのスラムに特有のものではない。ダバオの住民たちも、いかにドゥテルテの厳格な規律が町と人を変えたのか説明してくれた。あるマニラからの移住者はこう語る。「速度制限の30キロは、はじめイライラしたけど、慣れたらとても快適だ。私たちは狂ったように運転するマニラの運転手たちとは違う。これは人権侵害ではなく、文明化だ。規律と規制は人間の精神を自由にする」（ジェス、ビジネスマン、2017年2月24日）。あるジャーナリストは、「ダバオに来る前は1日に1箱タバコを吸っていたけど、いまじゃ3日で1箱になった。前はタバコを吸うことばかり考えていたが、もう気にならなくなったよ。今年タバコをやめようと思っている。これがドゥテルテの規律なんだ」（アレックス、ジャーナリスト、2017年2月25日）と語る。

しかしダバオの人々の語りとは異なり、マニラの元麻薬関係者にとって、ドゥテルテの規律は期待したような自由をもたらさなかった。選挙後の8月にボボイを再訪すると、彼は薬物をやめて30名ほどの住民とともに警察に自首していた。それは警察に命じられたからだけでなく、ドゥテルテに服従すれば守ってくれるに違いないと信じたからだという。だが、その期待は裏切られた。私服警官が監視リストに載っている家々を巡回し始めたのだ。ある夜、ボボイが帰宅すると妻子が泣いていた。警察に脅されたのだという。警察による家々の訪問は「戸をノックする」(*tuktuk*)と「お願いする」(*hangyo*)というセブアノ語をつなげて、正式には「トクハン作戦」(*oplan tokhang*)と呼ばれる。しかし住民たちはこれを「カトック作戦」(*oplan katok*)と呼ぶ。「カトック」が「戸をノックする」と「刃物でぶった切りにする」という2つの意味を持つことにかけたブラック・ジョークだ。ある朝、ボボイと隣人らは、古井戸の隣で麻薬戦争の犠牲になったと思われる、銃で撃たれた中年男性の死体を発見した。

ボボイや仲間の元麻薬関係者らは、自首した者たちまで殺すのは不当だと非難する。なかには、死の恐怖を感じてどこか遠くへ逃れた者もいた。ボボイたちはドゥテルテに裏切られたと感じ、彼への投票を悔やんでいる。彼らは恐怖を振り払おうとするかのように、「おれはもう生まれ変るんだ」(*magbago na ako*)と何度も繰り返す。この言葉は、キリスト教文化における罪の赦しと新生の物語を想起させるとともに、ドゥテルテの語る「変革」(*pagbabago*)とも重なる。ボボイの妻は警察に脅され、いかに恐かったのかを涙ながらに語りつつ、ドゥテルテへの感謝も口にする。夫が悪癖をやめられて、真面目に仕事に励むようになったからだという。ドゥテルテの規律と麻薬戦争は、自分の人生を変えたいと願う多くの麻薬常習者たちを触発した。新政権の成立から10か月間で、全国で実に126万人もの麻薬関係者が警察に自首している。その多くは、ドゥテルテの義賊的道徳を信じてのことだろう。だが彼らの願いは、圧倒的な暴力によって吹き消されそうだ。

5　義賊は国家を乗りこなせるか

近年、既存の自由民主政治に対する幻滅の広がりに乗じて、ドゥテルテら強権的なリーダーが世界中で台頭している。その背景には、新自由主義下における民主主義の行き詰まりがあろう。新自由主義は経済成長を促進するかもしれないが、不平等を改善する包括的な再分配も、公的サービスの改善も保証しない。他方で、民主主義は多様な利害の調整を必要とするので、人々の不満を即座には解決しないし、汚職も防げない。こうした閉塞感のもと、野心的な政治指導者は、改革のためには、「我々」を苦しめる「不道徳な他者」を排除すべきだと訴えて、「政治の道徳化」を助長してきた［日下 2013］。

フィリピンでは、2004年大統領選挙までは「貧者への優しさ」を訴える道徳言説が有効だったが、2010年以降は国民の連帯を強調するナショナリズムの言説が支配的になり、階層矛盾を非焦点化するようになった。ここで着目すべきは、従来の階層亀裂に沿った敵対関係に代わって、そうしたナショナリズムが「道徳的な我々」を構築するために、誰を「不道徳な他者」に仕立て上げているのかである。市民的道徳に特徴づけられたアキノのナショナリズムは、政治腐敗の撲滅を訴えると同時に、貧困層を道徳的に教化して「善き市民」へと包摂しようとした。だが、市民的道徳の要求に従わぬ者たちを「救うに値しない他者」として構築する意図せぬ効果をもった。他方ドゥテルテのナショナリズムは、厳格な市民的道徳に沿わぬ粗野な大衆文化や人々さえも包摂して「道徳的な我々」を構築することに成功した。しかし、それは麻薬関係者に代表される「救うに値しない不道徳な他者」の処刑という犠牲の上に成り立っていた。ここに道徳と殺害の共犯性を見出すことができる。

ドゥテルテの超法規的な暴力は、多数派のフィリピン人に「愛のムチ」として受け入れられてきた。彼の正統性は、合法性ではなく、温情と暴力でもって社会秩序を守る家父長的なボスという義賊的道徳の伝統に根差しているからだ。もっとも、ドゥテルテが国家機構の頂点を奪取したということは重大な矛盾に思われる。義賊が属人的な非公式の秩序でもって民衆を支配するならば、国家は非属人的な公式の法の支配で統治する。一見すると、両者の統治法は対極的だ。しかし、近代国家の特徴は自ら定義した危機のなかで法の適用を恣意的に停止できることにあるとアガンベン［2007］が論じたことを想起すれば、義賊の支配と近代国家の統治が融合するのも不思議ではない。いわばドゥテルテは、義賊的リーダーとして近代国家の隠された権力を最大限に活用しているだけなのかもしれない。

しかし、この矛盾を孕んだ組み合わせは、ドゥテルテ政治にリスクをもたらしている。第1に、彼はフィリピン社会の抱える様々な問題の原因をひたすら麻薬に還元するが、いくら末端の麻薬犯罪者を抹殺しても非常に多くの利害関係が絡まり合ってできた腐ったシステムを改善できるとは限らない。第2に、ドゥテルテは効果的に社会を規制する強い国家の建設を約束するが、彼の独断的な決定はしばしば国家制度を無視してさらに弱体化させている。たしかに、ダバオ市長時代には自ら制度を作り、忠実な部下たちで周囲を固めることができた。だが国政では、確立された既存の制度を無視して一から制度を作ることはできないし、強力なライバルたちとも競合しないといけない。第3に、国家制度が脆弱なままなので、悪徳警官らによって彼の「愛のムチ」は現場レベルで歪められて実施されており、その結果、支持者の間でも裏切られたとの感覚を生み出している。最後に、ドゥテルテの正統性は合法性に基盤を持たないので、彼の義賊的道徳への信頼が失われれば深刻に損なわれることとなる。実際、長男パオロや自身の任命した関税局長官が中国からの麻薬密輸に関与していた疑いも指摘されており、義賊のオーラは少しずつ削がれつつある。要するに、ドゥテルテ政治は、自由民主主義の価値や制度を軽視したことによってではなく、むしろ義賊の約束を果たすことに失敗したことによって窮地に陥りうるだろう。

※本章は、Wataru Kusaka. 2017. “Bandit Grabbed the State: Duterte’s Moral Politics,” *Philippine Sociological Review* 65: 49-75. を翻訳し、加筆・修正したものである。翻訳にあたっては、原民樹氏（一橋大学大学院生）に協力して頂いた。

【参考文献】

〈日本語〉

アガンベン、ジョルジョ『例外状態』上村忠男・中村勝己訳、未來社、２００７年
日下渉『反市民の政治学――フィリピンの民主主義と道徳』法政大学出版局、２０１３年

日下渉・加藤昌平「ドゥテルテ大統領の横顔――『世直し義賊』の光と影」大野拓司・鈴木伸隆・日下渉編著『フィリピンを知るための64章』明石書店、２０１６年
ホブズボーム、エリック『匪賊の社会史』船山榮一訳、ちくま学芸文庫、２０１１年
南塚信吾『アウトローの世界史』ＮＨＫブックス、１９９９年

〈英　語〉

Bag-ao, Kaka. 2012. "Overwhelming Case for the RH Bill." *Philippine Daily Inquirer*. October 13. Retrieved August 24, 2017 (http://opinion.inquirer.net/38668/overwhelming-case-for-the-rh-bill)

Bello, Walden. 2017. "Duterte Fascism and Naked Force Ruling Philippines." *Asia Pacific Report*. March 8. Retrieved April 15, 2017 (http://asiapacificreport.nz/2017/03/08/walden-bello-duterte-fascism-and-naked-force-ruling-philippines/).

Bingco, Melanie. 2016. "Alubera Police Chief shows proof of Mayor Espinosa signing affidavit." *ABS-CBN News*. December 3. Retrieved August 22, 2017 (http://news.abs-cbn.com/news/12/03/16/albuera-police-chief-shows-proof-of-mayor-espinosa-signing-affidavit)

Bueza, Michael. 2017. "In the Numbers: The Philippines' 'War on Drugs'" *Rappler*. April 23. Retrieved August 24, 2017.

Coronel, Shelia S. 2017. "Murder as Enterprise: Police Profitting in Duterte's War on Drugs" in *A Duterte Reader: Critical Essays on Rodrigo Duterte's Early Presidency*. Nicole Curato (ed.), Quezon City: Ateneo de Manila University Press.

Curato, Nicole. 2016. "Politics of Anxiety, Politics of Hope: Penal Populism and Duterte's Rise to Power." *Journal of Current Southeast Asian Studies* 35(3):91-109.

Gealogo Francis A. 1990. "Ang Mga Taong Labas, Ang Kababayanihan at Ang Diskurso ng Kapangyarihan at Kasaysayan." *Diliman Review* 38(1):23-32.

Gealogo, Francis A. 2000. "Nardong Putik in the Genealogy of Tagalog Folk Heroes." *Geopolitics of the Visible: Essays on*

Philippine Film Cultures, edited by Roland Tolentino. Quezon City: Ateneo de Manila University Press.

Gonzales, Yuji Vincent. 2015. "Davao Tourist Swallows Cigarette Butt after Reprimand from Duterte." *Philippine Daily Inquirer*. September 3. Retrieved August 24, 2017 (http://newsinfo.inquirer.net/719038/davao-tourist-swallows-cigarette-butt-after-reprimand-from-duterte).

Guyot, Eric. 1988. Alsa Masa: Freedom Fighters or "Death Squads"? *Institute of Current World Affairs*. Retrieved April 20, 2017 (www.icwa.org/wp-content/uploads/2015/10/ERG-16.pdf).

Jimenea, Lalaine. 2014. "Road Rage: VSU Bus Driver Shot Dead." *The Freeman*. July 31. Retrieve March 29, 2017 (http://www.philstar.com/region/2014/07/31/1352298/road-rage-vsu-bus-driver-shot-dead)

Jimenea, Lalaine. 2016. Newly-elected Councilor Gunned Down." *The Freeman*. June 1. Retrieved March 29, 2017 (http://www.philstar.com/region/2016/06/01/1588989/newly-elected-councilor-gunned-down).

Mayol, Ador Vincent, Jhunnex Napallacan, and Nestle Semilla. 2016. "Cebu City Mayor Osmena Tells Cops: Find 'drug trader' Kerwin Espinosa." *Philippine Daily Inquirer*. August 4. Retrieved August 24, 2017 (http://newsinfo.inquirer.net/803034/cebu-city-mayor-osmena-tells-cops-to-find-drug-trader-kerwin-espinosa)

Pernia, Ernesto M., Stella Alabastro-Quimbo, Maria Joy V. Abrenica, Ruperto P. Alonzo, Agustin L. Arcenas, Arsenio M. Balisacan, Dante B. Canlas, Joseph J. Capuno, Ramon L. Clarete, Rolando A. Danao, Emmanuel S. de Dios, Aleli dela Paz-Kraft, Benjamin E. Diokno, Emmanuel F. Esguerra, Raul V. Fabella, Maria Socorro Gochoco-Bautista, Teresa J. Ho, Dennis Claire S. Mapa, Felipe M. Medalla, Maria Nimfa F. Mendoza, Solita C. Monsod, Toby Melissa C. Monsod, Fidelina Natividad-Carlos, Cayetano W. Paderanga, Gerardo P. Sicat, Orville C. Solon, and Edita A. Tan (2012) "Population, Poverty, Politics and the Reproductive Health Bill." *University of the Philippines School of Economics Position Paper*. July 29. Retrieved August 24, 2017 (http://www.econ.upd.edu.ph/perse/?p=1282)

Philippine Center for Investigative Journalism (June 8, 2017) Flawed, Fuzzy Numbers in the War on Drugs, *Philippine Star*.

Rappler. 2015. “Duterte Forces Smoking Tourist to Swallow Cigarette Butt.” September 3. Retrieved July 3, 2017 (http://www.rappler.com/nation/politics/elections/2016/104625-duterte-forces-tourist-swallow-cigarette-butt)

Seki, Koki. 2015. “Capitalizing on Desire: Reconfiguring ‘the Social’ and the Government of Poverty in the Philippines.” *Development and Change* 46(6): 1253-1276.

Sidel, John T. 1998. “Take the Money and Run?: Post-Marcos ‘Personality Politics.’” *Public Policy* 2(3): 27-38.

Thompson, Mark R. 2010. “Reformism vs. Populism in the Philippines.” *Journal of Democracy* 21(4): 154-168.

Thompson, Mark R. 2016. “Bloodied Democracy: Duterte and the Death of Liberal Reformism in the Philippines.” *Journal of Current Southeast Asian Studies* 3: 39-68.

コラム2

フィリピンは弱い国家か

佐久間　美穂

フィリピンでは、植民地期から現在に至るまで、地方自治体の治安維持は地方首長の責務の1つとされてきた。現行のフィリピン国家警察設置法（1990年12月13日共和国法第6975号）第51条は、州知事が地方管区警察局長の作成する3名の候補者リストから州警察署長を任命し、州公安計画の実施を監督すること、市長・町長は州警察署長の作成する5名の候補者リストから市・町警察署長を任命し、警察官の採用や異動について勧言し、地方治安委員会委員長を兼務してコミュニティ公安計画を策定することと、地方首長の治安維持に係る権限と責務を定めている。ダバオ市長を長年務め、2016年に大統領に選出されたロドリゴ・ドゥテルテは、こうした地方首長の権限を行使し、ダバオ市の治安を改善した功績が高く評価されている。

植民地期から独立に至るまでの過程で大土地所有制が解体されず、大地主や地方エリートが政治的圧力団体として残存しているフィリピンには、何世代にもわたって政治的地位を維持しつづける地方エリート家族が存在する。また、有力者の後ろ盾を得て暴力と地域経済の独占を目指し、一代限りで興亡するマフィア・スタイルの地方ボスも存在する。違法銃器が容易に入手でき、犯罪捜査や裁判が証言重視で科学的証拠に基づいて行われていない状況で、「地方エリート」や「地方ボス」が、自分の言うことを聞く警察署長を任命したり、土地やファミリービジネスなどの既得権益を護るために警察組織を利用すれば、地域住民にとっても国家にとっても大きな脅威となる。このため、先述のフィリピン国家警察設置法第52条は、市長・町長が権限を濫用したり、犯罪分子に物質的な援助を行ったりした場合には、当該地域の州知事および下院議員と協議した上で、地方首長の域内警察に対する監督権を停止することができる権限を大統領に与えている。大統領となったドゥテルテは、今度は、大統領に与えられたこうした権限を行使して、犯罪者とその共謀者を一掃しようとしているのである。

これまでフィリピンでは、強力な地方エリート一族や地方ボスに対して「フィリピン国家は弱い」という文脈で、「弱い国家」論がしばしばジャーナリズムに取り上げられてきた。ジョエル・ミグダルの「強い社会、弱い国家」論は、国家間の開発の成否の違いを、国家と市場との関係ではなく、国家と社会の関係を軸に説明するものである。ミグダルにとっての理想的なタイプの国家とは、「ルールを設定し、必要とあらば強制力を用いてでも、領土内の国民と社会組織をこれに従わせることのできる能力あるいは権限を持った国家（行政部）に率いられる諸機関で構成される組織」である。植民地期から独立に至るまでの過程で大地主や地方エリートなどが解消されず、中間団体として残存して国家に抵抗している旧植民地国家では、このような理想的な国家の能力を発揮できないので、国家として「弱い」と論じた。「弱い国家」論では、独立後の途上国政府がその権限の及ぶ領域を拡大して社会経済発展を押し進めようとするのに対して、地方エリートは公私の区別の曖昧な国家機構からレントを引き出すことによって私的財産を蓄積し、既得権益を護ろうとしてせめぎ合っているとの現状解釈に基づいて議論を進めており、ゼロ・サム的な性格を持つアプローチであるといえる。

これに対してサイデルは、フィリピンの略奪的ボスを生み出したのは、国家の制度的構造であると主張した。フィリピンでは、アメリカ期以降、脆弱な官僚機構が公選職に従属する型の国家機構が形成されてきたが、こうした国家機構の下ではその国家形成の過程で暴力装置や徴税システムが中央に集約されず、地方リーダーを中央官僚制に従属させることも公務員制度の内部に取り込むこともできなかった。その上、他の途上国では国家形成の重要な要素となった独立戦争や第2次世界大戦などの軍事闘争も、フィリピンではアメリカの介入により独自の発展コースをたどらなかった。経済面でも、独立後のフィリピンは、緩やかな資本経済の発展過程の中で国民の多くが生産手段や土地への直接的アクセスを失い、賃労働に生活の糧を依存する状況が続いている。サイデルは、こうしたフィリピンの制度的構造と資本蓄積段階において「特定の領土領域において強制力と経済資源を独占することに成功した収奪的な政治ブローカーが出現する」と考え、これを「ボス」と呼んだ。そして、地方の小さな町の町長から大統領までが、暴力装置を私的に利用し、あらゆる資源を私的に搾取蓄積するためのメカニズムの複合体を「ボシズム」と名付けた。

サイデルは、ミグダルのように国家と社会を対立項として捉えるのではなく、国家機構そのものがボスの効率的な収奪に利用されているのだという議論を展開することでミグダルの「強い社会、弱い国家」論に反論した。国家の能力が「強い」とか「弱い」とかいう指標はいったい何を意味するのかという疑問を発し、国家の強弱を官僚の凝集力や政府の開発能力、法執行能力という物差しで計ればフィリピンは「弱い」かもしれないが、国や地方の政治家が国家機構を乗っ取り、暴力装置や公的権限を濫用して政治的地位を獲得したり私財の蓄積を行っても社会から制裁を受けることが少ないという意味においては、フィリピンは「強い」収奪国家であるとの見方を示したのである。

こうしたサイデルの議論は、エバンスに依拠したものである。エバンスは、ミグダルの「強い社会、弱い国家」論の妥当性を検討する中で、ミグダルが国家による社会統制を強調するあまりゼロ・サム的な考え方に陥り、国家と社会がプロジェクトを共有するというポジティブ・サム的視点を見逃していると指摘した。エバンスは、社会の協力なしに国家が社会経済変革を達成できると考えるのは非現実的であるとの立場に立ち、「プロジェクト」によっては国家と社会の協力・協調もありうる、その場合国家も社会も同時に「プロジェクト」から利益を受ける可能性があると指摘した。

仮に、現在ドゥテルテ政権が推進している麻薬撲滅を通じた治安の改善が、社会の一部の協力を得て実施される「プロジェクト」であるならば、その成功により国家も社会も同時に利益を受けられるかもしれないし、失敗すれば両者が痛手を受けることになるかもしれない。ドゥテルテ大統領に、ミグダルが想定した政治エリート像やサイドルの定義した典型的なボスと一線を画すところがあるとすれば、公的権限を使って安全という公共財を国民に提供しようとしている点と、これまでのところ暴力装置を私財の蓄積のために利用してはいないようである点であろうか。ドゥテルテの支持者は、ドゥテルテが大統領として何を言ったかよりも、ダバオ市長時代に何を実現したか、これまでどのような生活をしてきたかを見ているように思われる。特にダバオ市民は、市内の治安を改善した手腕を評価するだけでなく、長年同じ家に住み、簡素なライフスタイルを変えない態度をずっと見続けてきたからこそ、今もドゥテルテ政権の「プロジェクト」に期待しているのである。

大統領や地方首長の責務と権限は、フォーマルなルールとして法律に明記されており、誰が選出されようと本来変わらない。しかし、フィリピンのようにルールの執行が厳格でない場合には、誰が何を目的として意思決定し、どのように権限を行使するかによって、結果のパフォーマンスが大きく異なってくる。ルールを厳格に執行させるためには、行政の監視・監督体制を強化し、司法機能を向上させることが必要である。フィリピンの国家と社会が協力してこの「プロジェクト」に取り組めたとき、その成功により国家も社会も同時に利益を受けられるはずである。

【参考文献】

Evans, Peter. 1995. *Embedded Autonomy: States and Industrial Transformation*. Princeton University Press.

Migdal, John S. 1988. *Strong Societies and Weak States: State-Society Relations and State Capabilities in the Third World*. Princeton University Press.

Sidel, John T. 1999. *Capital, Coercion and Crime: Bossism in the Philippines*. Stanford University Press.

第4章

〈マレーシア〉
ナジブはなぜ失脚しないのか

伊賀　司

ナジブ・ラザク（提供：AFP＝時事）

1　はじめに──世界をかけめぐった1MDBスキャンダル

2015年7月、アメリカの経済紙『ウォール・ストリート・ジャーナル』(*The Wall Street Journal*：WSJ)がマレーシアのナジブ・ラザク首相のスキャンダルを報じた。ナジブの個人口座に、財務省傘下の国営投資会社のワン・マレーシア開発公社(1Malaysia Development Berhad：1MDB)の資金約7億米ドル(26億リンギット、日本円で840億円)が流れたとする記事である。ナジブは首相とともに財務大臣を兼任しており、さらに1MDBの経営を左右する諮問委員会の長も務めていた。1MDBとは2009年以前にはトレンガヌ州の州営投資会社であったものをナジブ政権が連邦の投資会社としたところからスタートしており、電力、土地開発、観光、アグリビジネスなどの分野で外国企業とも協力しながら国内外で大型の投資を行ってきた。しかし、2015年初頭には117億3000万米ドル(420億リンギット、日本円で1兆3700億円)もの負債を抱えていることが判明し、なぜこれほど巨額の負債が生まれたのか、ナジブ政権に説明を求める声があがっていた。

そのようななかでWSJの記事が発表され、すでにあったナジブとその政権への批判が一層高まった。このスキャンダルを受け、野党や市民社会組織は同年8月にナジブの首相退任を求めて首都クアラルンプールで大規模な抗議デモを行った。この抗議デモは「ブルシ4デモ」と呼ばれ、2日間続き、ピーク時には20万人を動員したともいわれる。加えて、日本でもよく知られているマハティール元首

ブルシ運動の様子（著者撮影）

相はナジブを首相から追い落とそうとする企ての中心人物となっている。マハティールはＷＳＪの２０１５年７月の記事以前からナジブへの批判を強めていたが、１９５７年の独立以来常に与党であり続けている統一マレー人国民組織（United Malays National Organization：ＵＭＮＯ）とも袂を分かち、新政党の結成に動いて「反ナジブ」の先鋒に立っている。

１ＭＤＢスキャンダルの本丸はナジブが所有する個人口座への資金流入であるが、１ＭＤＢ関連のスキャンダルはそれだけに留まらない。１ＭＤＢスキャンダルはナジブの妻や継息子、その継息子の友人の華人企業家ジョウ・ロウにまつわる数々のスキャンダルをも含んでいる。ナジブの妻ロスマ・マンソールは１ＭＤＢから流出した資金を使って３０００万米ドル相当の宝石類を購入した疑惑がもたれている。ロスマの連れ子のリザ・アジズはアメリカのロサンゼルスの映画製作会社レッド・グランティ・ピクチャーズの設立者だが、その代表作でハリウッド俳優のレオナルド・ディカプリオが主演する『ウルフ・オブ・ウォールストリート』（*The Wolf of Wall Street*）の制作資金は1MDBの流出資金だとも言われている。さらに、リザの友人ジョウ・ロウはナジブ首相が議長を務める1MDBの諮問委員会での非公式アドバイザーとしての地位を利用して1MDBの資金を抜き取り、その資金の一部はニューヨークでの高級コンドミニアム購入や、有名モデルのミランダ・カーへの800万米ドル相当の宝石のプレゼントになったとされる。こうしたナジブ・ファミリーの派手な生活に1MDBの流用資金が使われているとの疑惑はWSJを中心に欧米の主要メディアが相次いで報道してきた。加えて、1MDBはマネーロンダリングの疑いや外国の金融法令に違反している疑いも濃厚であるため、アメリカ司法省を筆頭にシンガポールやスイスなど複数の海外捜査機関が1MDBの捜査を続けている。

著名な活動家である芸術家が描いたピエロナジブ（筆者撮影）

しかし、なぜ国内だけでなく世界的にも注目され批判され続けている1MDBスキャンダルが直撃したにもかかわらず、ナジブは首相の地位にとどまり続けることができるのか。海外で報道や捜査が依然として続いている一方で、国内ではナジブへの追及はうやむやなまま尻すぼみに終わりつつある。

マレーシアでは２０１８年８月までに次の総選挙が実施される予定で、本原稿執筆時にはすでに選挙まで１年もない。野党や市民社会組織の間で批判は強いが、２０１７年に入るとＵＭＮＯ内でナジブへの反対はほとんどなされないまま、多くの政治アナリストや研究者はナジブの率いる与党ＵＭＮＯおよびＵＭＮＯを中核政党とする与党連合の国民戦線（Barisan Nasional）の次の総選挙での勝利を予想するようになっている。ではなぜナジブと彼の率いる国民戦線の総選挙での勝利が予想されるのだろうか。

１ＭＤＢスキャンダルへの直接的関与が疑われ国内外で腐敗した指導者としてのイメージが広がった現在のナジブだが、少なくとも２００９年に首相に就任して２０１３年に総選挙を迎えるまでの間は経済政策や政治的自由化の分野を中心に改革を主導する指導者として自らをブランディングし、それが国民の間でも一定の支持を得ていた。しかし、２０１３年総選挙後のナジブは、以前に自らが発表した改革に反する政策を行うようになり、２０１３年総選挙の前と後での対照的な姿勢が際立つようになっている。なぜナジブは２０１３年総選挙の前後で政策を大きく変えることになったのか。

近年、日本のメディアにおいてマレーシアに関する話題が登場することは少なくない。ただし、そうした話題の多くは観光、起業、退職者の移住に関する話題などが多くを占めて政治の話題が取り上げられることはまれである。唯一の例外といえるのは、元首相のマハティールの発言や彼の動静であり、現在の首相であるナジブに焦点を当てた報道を見つけることは難しい。また、本書で取り上げられている、タックシン、ジョコウィ、ドゥテルテという周辺国の指導者と比較してもナジブへの関心は小さい。しかし、マレーシアの政治に最も影響を及ぼす現役の首相であり、欧米系のメディアでは盛んに報道された1MDBスキャンダルも考慮すれば、ナジブ個人のことに加え、首相として彼が行ったこと、そしてそれがいかなる政治的な構造に基づいているかを整理し、理解することには大きな意味がある。

とはいえ、ナジブがどのような政治家であるのかは、現地のジャーナリストや研究者もはっきりとした姿をとらえきれているとはいえず、特にナジブ政権初期には大きな困惑が示されることも珍しくなかった。ナジブに対する困惑は彼が人々の前で表明する政策や政権方針などと、政府が実際に行っていることが異なっていることから広がっていった。マスメディアで15年以上の報道経験を有していたあるジャーナリストは、ナジブ政権発足1年目の困惑を次のように語っている。

やはり、我々はマレーシアの第6代首相が聡明で有能なのを知っている。絶対に無知ではない。そうならば、演説時のナジブが現場で本当に起こっていることに全くついていっていない時には、本当に不思議に思わざるを得ない。演説しているナジブが本物？　本物のナジブはいるの？　スクリーンに投影されたナジブと本物のナジブとの間に認識可能な不一致があるなら、ナジブっていったい何者なのか。［Ann 2010］

ナジブとはどのような政治家なのか。国内外から批判を集める深刻なスキャンダルの当事者であるにもかかわらず、ナジブが首相の座を維持しているのはなぜか。そして、彼の率いる与党が次回総選挙での勝利を早い時期から予想されているのはなぜか。本章の目的は、これらの問いに答えつつ、ナジブを取り巻く現代マレーシア政治の権力構造とその近年の変化を明らかにすることにある。本章の構成は次のとおりである。第2節では、主にナジブが首相に上り詰めるまでの出自やキャリア、そして彼の家族に注目することで、政治家ナジブがどのようにして誕生し、国民からどのようなイメージを持たれてきたのかを論じる。第3節では、2009年から2013年までの第一期ナジブ政権にかけては政権の改革に向けた試みが続けられたこと、しかし、2013年から始まった第二期ナジブ政権では第一期とは異なる反動政策がとられるようになったことを指摘する。そのうえで、ナジブ政権期の改革から反動の動きがなぜ生じたのかを明らかにする。第4節では、1MDBスキャンダルへの直接的関与が疑われてナジブが危機に陥るなかで、どのようにして危機を乗り切ったのかをみていくとともに、それがなぜ可能になったのか、カネの側面からみた首相への権力集中と野党の分断状況に注目して明らかにする。最後に、あらためてナジブ・ラザクという政治家を再考する。

2 ナジブ・ラザクという政治家

(1) 首相になるために生まれた男

ナジブ・ラザクは第2代首相アブドゥル・ラザクの息子であり、第3代首相フセイン・オンの甥にもあたる政界のサラブレッドである。ラザク首相は新経済政策(New Economic Policy:NEP)を導入して国家主導のマレー人優遇政策を推し進める一方、現在まで続く国民戦線による与党体制をスタート

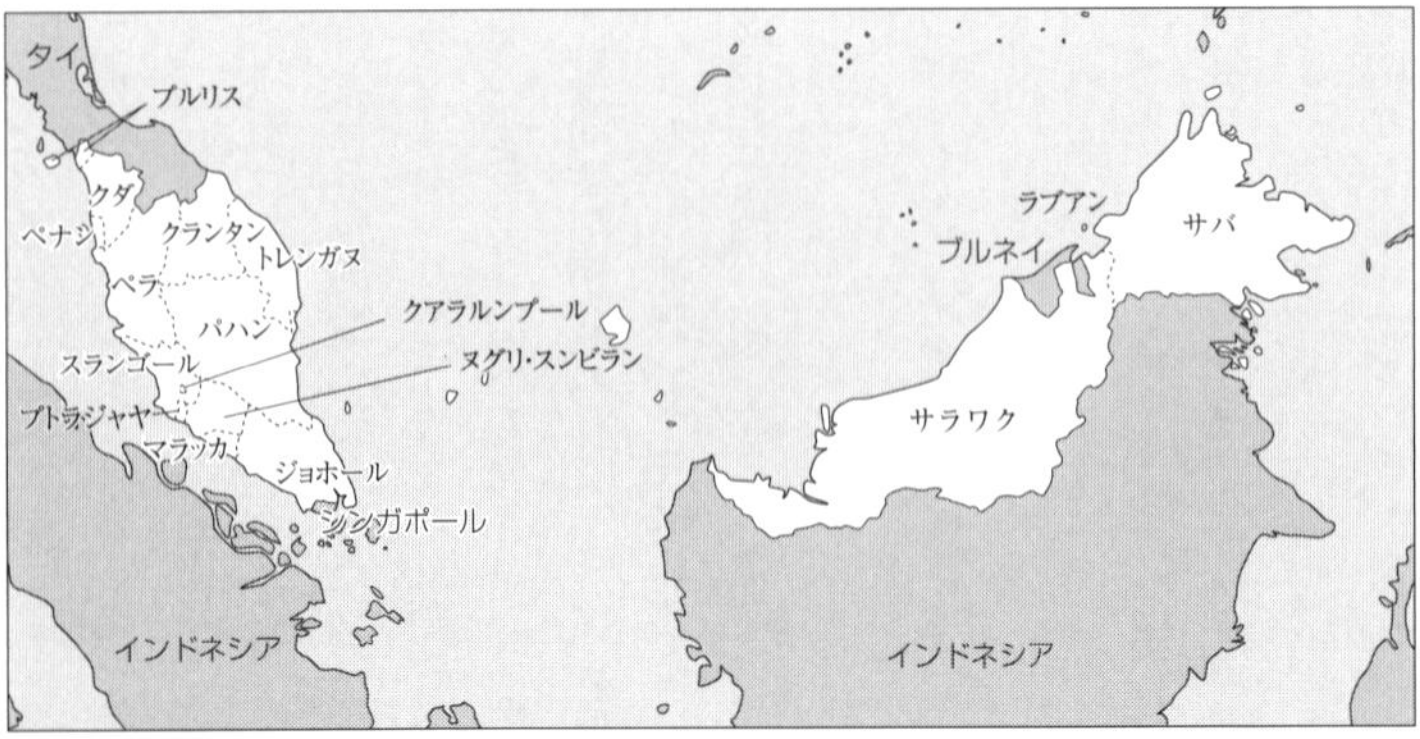

マレーシアの州区分

させた首相である。日本ではラザクが始めたＮＥＰを含めてマレーシアのマレー人優遇政策を、現地のマレー語で「土地の子」の意味を持つブミプトラ（Bumiputera）の名前をつけて、ブミプトラ政策と呼ぶことが一般的である。マレーシアの民族概念にあたるブミプトラには、サバやサラワクの少数民族なども含まれるが、その大半がマレー人で占められている。ブミプトラ政策は民間大手企業の株式の一定割合をブミプトラに割り当てることを義務づけたり、大学での入学枠の割り当て、政府が発行する免許での優遇など様々なものが施行されてきた。ブミプトラ政策の是非については様々なものがあるが、それを本格的に導入して現代マレーシアの進路を決定づけたラザクの政治家としての評価は現在でも国民の間で非常に高い。そして、偉大なる父の息子として、ナジブは20代前半から父の跡を継いで将来の首相となることを目指し、彼の周囲もそれを大いに期待してきた。

　イギリスのノッティンガム大学で経済学を学んだナジブがマレーシアに戻ったのは１９７４年である。中央銀行のバンクヌガラや国営石油会社ペトロナスに勤務した後、ラザクが１９７

6年に急死すると、ナジブは弱冠23歳で父の地盤を継ぎ無投票当選で連邦下院議員となって政界に入った。大学卒業後に父の息のかかった職場で2年に満たない勤務経験しかないまま政治家となったナジブだったが、瞬く間に政界の出世街道をひた走ることとなる。政府のポストに限ってみてみれば、ナジブは初の選挙戦を経験した1978年に連邦政府の副大臣になったのを皮切りに1981年までに3つの副大臣ポストを経験している。1982年からは29歳で自らの選挙区のあるパハン州の州首相に就任して1986年まで務めた。1986年からは連邦政府の文化・青年・スポーツ大臣に始まり1990年代以降は防衛大臣や教育大臣を歴任する。2004年に副首相に就任し、2009年に首相に上り詰めた。

彼のキャリアをみてわかるように、事実上の初当選の年である1978年以降、途切れることなく連邦政府、州政府、与党役員の要職を歴任しており、常に日の当たる場所で出世街道を歩んできた。また、大学卒業後のバンクヌガラとペトロナスでの短期間の勤務を除けば、彼のキャリアは常に職業政治家としてのそれであり、彼ほど1970年代以降の与党政治の中核部分を文字通り体験し、深く理解してきた政治家はいない。ここでは政治家としてのナジブをさらに深く理解するために、彼の政治的スタンスとパブリックイメージを形成してきた要因について注目したい。その際に本節では2人の女性を中心とする家族の視点と、UMNOの党内権力闘争の視点を通じて政治家としてのナジブを理解する手がかりを得ることにしよう。

（2）2つの「首相夫人」像

家族の視点で注目する2人の女性とは、ナジブの母のラハ・ノウと、現在の妻のロスマである。ナジブの母のラハはジョホール州ムアルで1933年に生まれた。父のモハマド・ノウ・オマールは独立前にはUMNO創設の中心人物の1人であり、独立後には連邦下院議長も務めた人物であった。ラザクとラハが結婚したのは1952年で2人の間には長男のナジブも含め5人の息子が生まれた。19歳で結婚したラハは結婚の翌年にはナジブを生み、大学での高等教育を受ける機会はなかった。ラザクとラハに関しては現在でも回想の形で語られるパブリックイメージがある。それは、一般国民と同じ目線を持ち真面目で質素倹約に努めるラザクと、それを理解して支える「良き妻」ラハというイメージである。

一例としてラザクの死後40年目にして元部下や友人の家族が2016年に語ったエピソードがある。そのなかには首相時代のラザクが妻へのプレゼント購入のため、カイロの高級宝石店を案内されたにもかかわらず、模造品を売る店を紹介してくれるよう頼んだ話、ラザクが公金を使って公邸のカーテンを取り換えるのも渋った話、ラハが公務でクランタン州に向かう夫に同行したいと願った時にラザクが自己資金で車を調達して同行するように指示した話がある。ラザクが常に公金支出に厳しく職務に精励する政治家であったというイメージ、そしてラハを含めナジブ以前の首相の妻たちが表舞台ではなく陰から夫を支えてきたというイメージは、実態はどうあれ、マレーシアのメディアが常に作り上げてきたイメージである。

ラハがマスメディアなど公の場で何かを語ることは滅多にないものの、2004年には短いインタビューがなされている。そこでラハは子ども時代のナジブについて語っている。

ナジブは静かな男ですよ。赤ちゃんの時は、ゆすって寝かしつける必要はなかったわ。ただベッドの上で眠っていたのよ。いたずらっ子ではなかったわ。でも、やり返さない弟たちをからかうのがとても好きだったわね。ナジブに宿題をやるようにいう必要は全くなかったわ。彼は自分から進んで宿題にとりかかって、それを完全に終わらせてから遊びに出ていたわね。［Aniza 2004］

子ども時代は親の手のかからない「良い子」として育ち、父の死を契機に周囲の期待を集めながら政界の頂点を目指して着実にキャリアを重ねていたナジブは、中央政界での昇進を始めた１９８０年代後半になると私生活でも注目されることになった。ナジブは政界に入ったのと同じ年の１９７６年にクランタン州のスルタン一族に属する妻と最初の結婚をし、３人の子どもをもうけた。その後、最初の結婚でお互いすでにパートナーと子どもがいたナジブと（ナジブの現妻である）ロスマが、最初のパートナーとの離婚を経て再婚を果たしたのが１９８７年である。マレー人社会の名門に属する妻と離婚してまで一般庶民の出であるロスマと再婚したナジブに世間の好奇の目が向けられたのである。

１９５１年生まれでナジブより2歳年上のロスマはアメリカで修士課程を修了して帰国後に銀行勤務や不動産開発会社のマネジャーを経験したキャリアウーマンであった。ナジブの首相就任後のロスマに対しては根拠のある批判だけでなく、ナジブや政権への攻撃を意図した非難もなされてきた。

ロスマに対する批判／非難は、大別して、公式の地位が曖昧なまま「首相夫人」という立場を利用して重要な政治的決定にまで影響を及ぼしているのではないか、そして、それを通じて公私混同をしているのではないかというものと、高級バッグや宝石などの贅沢品購入や海外での浪費など派手なライフスタイルへの否定といった要素から成り立っている。

その一方で、ロスマに向けられる非難の一部には彼女が従来までの「首相夫人」とは異なるイメージを形成していることに由来するものも含まれている。ナジブの首相就任直後からロスマは首相府のウェブサイト内に専用のマイクロサイトを設けて教育、家族、女性支援を中心とする活動記録や彼女のスピーチをアップロードし続けている。マスメディアがナジブと一緒の時だけでなく、ロスマの単独の活動や発言を報道する機会も少なくない。こうしたロスマの活動や発言はそれまでの「首相夫人」にはみられなかったアメリカの「ファーストレディ」のモデルに沿ったものとみることができる。ロスマへの非難の一部は政治や社会的活動において依然として男性優位が続くマレーシア社会の保守的な性格を反映しているともいえるであろう。

さらに、ロスマの言動や容姿が政府・与党への批判／非難を行う際の格好のシンボルとして活用されてきたことも否定できない。ネット上では「ビッグママ」と呼ばれることもあるロスマと似た文脈で語られるのは、フィリピンの故マルコス大統領の夫人のイメルダである。ナジブは1MDBとその関連のスキャンダル以外にもモンゴル人女性殺害疑惑やフランスからの潜水艦購入時の疑惑など様々なスキャンダルに直面してきた。伝統的な「首相夫人」像とは異なるキャラクターである妻の存在は、1MDBとその関連スキャンダルの渦中にあって疑惑の真偽は別にして、ナジブとその家族への批判／非難や疑惑を拡大させる要素となっていることは間違いない。

(3) 統一マレー人国民組織（UMNO）党内の権力闘争

政治家としてのナジブを読み解くもう一つのカギは彼が経験してきたUMNO党内での権力闘争である。国民戦線の中核政党であるUMNOでは結党以来、周期的に党内で激しい権力闘争が起こってきた。特にナジブが将来の首相候補として台頭していく1980年代後半以降のUMNOの権力闘争でどのような立場をとったのかは、彼の政治的スタンスや首相就任後の彼の政権運営を理解するうえでヒントになる点が多い。そこで、1980年代後半以降のUMNOの権力闘争にナジブがどう関わったのかをみてみよう。

UMNOは1987年から翌年にかけて大きな分裂を経験している。1987年のUMNO総裁選挙でマハティールはトゥンク・ラザレイに挑戦され、僅差で総裁の座を守った。ラザレイはクランタン州の出自で国営石油会社のペトロナスの総裁、財務大臣、通商大臣を歴任して1970年代から1980年代半ばまでの経済運営およびブミプトラ政策推進の中心人物であった。1987年党役員選挙の翌年、UMNOは「新UMNO」（UMNO Baru）と46年精神党（Parti Melayu Semangat 46）に分裂するが後者を率いたのがラザレイであった。

1987年UMNO党役員選挙当時のナジブはUMNOの党青年部長と連邦政府の青年・スポーツ大臣のポストにあり、30代の若手UMNO政治家のなかではすでに最も注目される政治家の1人となっていた。1987年党役員人事選挙では副総裁でマハティール政権の最初の副首相のムサ・ヒタムや後に第5代首相となるアブドゥラ・バダウィもラザレイ派であった。また、ラーマン初代首相やフセイン・オン第3代首相もマハティールよりラザレイに個人的な支持を与えており、ナジブがラザレイを支持する決断をしても不思議はなかった。マハティールとその反対勢力との対立は１９８６年の時点ですでに表面化していたが、ナジブはどちらにつくか旗幟を鮮明にせず、党役員選挙の直前になってマハティール派につくことを表明した。

１９９０年代のＵＭＮＯ内の権力闘争の震源となったのは、アンワル・イブラヒムである。アンワルは政府に批判的なイスラーム学生運動の活動家としての過去を持ちながら１９８２年に与党入りし、ナジブをも超えるスピードで出世していった人物である。１９９３年党内役員人事選挙でアンワルは、マハティールがムサ・ヒタムの後釜に据えた現役副総裁のガファール・ババに副総裁選挙で挑戦し、大差で勝利した。この時に世代交代を訴えたアンワル支持派はビジョン・チームと呼ばれたが、アンワル支持を強く打ち出し、いち早くチームの中心的人物となったのがナジブである。この選挙でナジブ自身も３人いる党内序列ナンバースリーの副総裁補のポストにトップ当選して、将来の総裁候補としての地歩を固めた。その後、１９９６年の党役員人事選挙でも副総裁補のポストにトップ当選している。

１９９７年アジア通貨危機の影響で経済が混乱するなか、アンワルが１９９８年に汚職と「異常性愛行為」（ソドミー）の容疑で政府と党から追放されると、マハティールはアブドゥラを副首相に選んで次の後継首相とした。ナジブはアンワルの失脚前にはアンワルの次の首相とも目されていたものの、この時は副首相に選出されなかった。ナジブが副首相に選出されなかったのは彼が40代半ばで当時は若すぎるとみられたことが影響していた。アブドゥラが副首相に選出されたことは政界で驚きをもって迎えらえたが、アブドゥラはナジブが首相に就任するまでのショートリリーフであるとの見方も政界のなかでは強かった。その一方で、１９９９年総選挙では与党候補に大きな逆風が吹くなか、ナジブは父の代からの強固なＵＭＮＯの支持基盤を誇ってきた自らの選挙区において相手候補に２４１票差まで詰め寄られ、文字通り首の皮一枚の差で何とか勝利した。この薄氷の勝利をみてナジブの首相候補としての適格性に疑念を抱く声も与党内で一時あがった。

２００３年10月31日にマハティールが首相を退任し、アブドゥラがその後を継ぐと副首相選出が関心の的となった。しかし、実際にナジブが副首相として選出されたのは２００４年１月７日であり、この間に２か月間の空白がある。下馬評ではナジブが副首相に選出されて将来の首相の地位を確固なものにするという声が強かったが、直ちにナジブを副首相に指名しなかったのはアブドゥラがナジブ以外の候補を選択肢として考えていたからだといわれている。副首相選出をめぐって噂が流れるなかでナジブは沈黙を守ったが、ナジブの父ラザクの元部下で英語紙『ニュー・ストレーツ・タイムズ』（*New Straits Times*）などを発行するＮＳＴＰグループのグループ編集長がナジブを副首相に選出すべきだというコラムを書いた。ＵＭＮＯが間接的に所有するＮＳＴＰグループが首相の決断に口を挟んだということで、この編集長は解任されている。

ナジブが副首相に就任してから２か月後の２００４年３月の総選挙において、与党は歴史的な大勝を収めた。しかし、その４年後の２００８年総選挙では与党が大幅に議席を減らして連邦下院での獲得議席が３分の２を下回った。これは１９７０年代以降初めてのことであった。選挙後は大幅な議席減に直面してアブドゥラの責任を問い首相交代を求める声が与党内からもあがったが、その急先鋒だったのがマハティールである。マハティールはこの時、アブドゥラへの抗議としてＵＭＮＯを一時的に離党もしている。マハティール以外にもアブドゥラ退任を求める声が与党内で広がるなか、ナジブは引き続き副首相としてアブドゥラを支える姿勢を見せ続けた。アブドゥラは9月まで粘ったものの、結局辞任を求める声に抗することができずに翌年3月に首相を退任することを発表し、2009年4月にナジブ政権が発足することになった。

本節（1）にみたように、ナジブの経歴を表面的に追えば、首相の地位を手に入れるまで順風満帆であったようにみえるかもしれない。しかし、1980年代以降のUMNO党内の激しい権力闘争のなかでナジブは常に「勝ち馬」に乗り、政界でほとんど傷を受けることなく生き残ってきたことを忘れてはならない。1960年代にラーマン初代首相を批判して一時的に失脚したマハティール元首相や、1987年のUMNO分裂時に反マハティール側につき、一時的に困難な立場に立たされたことのあるアブドゥラ前首相とは対照的である。政治家としてのナジブをみれば、政治的決定を行う際の慎重な性格と政局を読む力に長けていることがわかる。それを別の側面からみれば、ナジブが最終的に首相の地位を手に入れることができたのは、マハティール政権期にライバル政治家たちが首相に挑戦して自滅し、さらには2008年総選挙で与党が大きく議席を後退させたことで当時のアブドゥラ首相が退任する決断をしたからであって、ナジブの強みは政界のなかで明確な敵を作ることを避けながら、チャンスが来るまでじっと待ち続けることができたことにあった。

1976年に23歳で政治家になって以降、偉大な父の跡を追って政府・与党のエリート・コミュニティ内では早くから将来の首相候補と目されてきたナジブだが、彼を首相としようとする声が一般国民の間でも同様に高まってきたかといわれれば、疑問符が付く。実際に、首相就任直後のナジブへの国民の間での支持は高いとはいえなかった。世論調査機関のムルデカ・センターの調べによれば、2009年5月の時点で首相としてのナジブの仕事に満足しているかという問いに、満足していると答えたのは45％、満足していないと答えたのは16％、回答なしが39％だった［Merdeka Center 2009］。マレーシアに限らず政権発足当初の支持は一般的に高くなる傾向があることを考えれば、低支持とみてもよい数字である。さらに、回答なしが4割近くあったのは国民の間でのナジブに対する認識がそれほど広がっていなかったことを示しているとみることができる。つまり、国民の間ではナジブの政治的実績や理念は知られておらず、彼は「第2代首相ラザクの息子」であって現在の与党体制のもとでの中核的なエリートであることは知られていたとしても、それ以外の好感をもたらすような明確なイメージが形成されていたわけではなかった。そのことが政権発足当初の低支持と回答なしに表れていたと考えられる。マレー・ナショナリズムの担い手として首相就任前から名声の高かったマハティール、首相にはなれなかったものの1990年代には新世代のイスラーム化の担い手として次期首相への大きな期待が高まっていたアンワル、具体的な実績が知られているわけでないが汚職をしない政治家とみられて「ミスター・クリーン」と呼ばれたり、親しみやすい人柄から「ラーおじさん」とも呼ばれたりして国民から素朴な好感を持たれていたアブドゥラ。これらの指導者と比べると、首相就任直後のナジブ本人に国民からの支持が集まっていたとはいえない。では、政権発足当初の国民からの支持がそれほど高くなかった状況から、ナジブが政権浮揚のためにどのような政策や政権方針を打ち出していったのか。次節でみていくことにしよう。

3　ナジブ政権下のマレーシア政治——改革から反動へ

本章冒頭でも簡単に触れたが、2009年4月から現在まで続くナジブ政権は2013年総選挙を境にして政権の性格が大きく変化した。2009年4月の政権発足から2013年5月の総選挙までを第一期ナジブ政権とし、2013年総選挙以後を第二期ナジブ政権とするならば、第一期政権は「改革」が主要なテーマとなった政権であり、第二期はその改革の「反動」が起こった政権であるとみなすことができる。以下では、第一期政権の改革の内容を検討した後、第二期政権の反動がなぜ、どのようにして起こったのかをみていくことにしよう。

（1）改革の旗手ナジブ？（第一期ナジブ政権：2009年〜2013年）

第一期ナジブ政権の性質を理解するうえで最大のカギとなるのは、「津波」とも呼ばれた2008年総選挙での与党連合・国民戦線の大幅な勢力交代である。2008年総選挙では、1973年に現在の国民戦線が結成されてから初めて与党の議席数が連邦下院議席の3分の2を割り込んだ。さらに、1990年からイスラーム主義を掲げる野党の汎マレーシア・イスラーム党（Parti Islam Se-Malaysia：PAS）が州政権を担ってきたクランタン州に加え、新たにスランゴール州、ペナン州、クダ州、ペラ州（2009年に再び国民戦線の州政権に戻る）で野党が州政権を担うことになった。総選挙後の2008

年４月にＰＡＳ、民主行動党（Democratic Action Party：ＤＡＰ）、人民公正党（Parti Keadilan Rakyat：ＰＫＲ）の野党３党は連邦下院での協力と州政権の運営を目的として、野党連合の人民連盟（Pakatan Rakyat）を結成し、国民戦線に代わる選択肢が登場することになった。

２００８年総選挙の衝撃から国民戦線に代わる選択肢が現れて次の総選挙で野党に政権を奪われる可能性が現実化し、先述のように政権発足直後のナジブへの人気や期待も低調なところからスタートした。そのため、ナジブは矢継ぎ早に改革プログラムや新しい政権方針を示し、自らの改革の旗手としてのイメージを高めていこうとした。その際に重要なターゲットとなったのは都市中間層、若年層、非マレー人層である。ナジブは２００８年総選挙で与党から離反したとみられたこれらの層への働きかけを試みた。そこで、第一期ナジブ政権では、次の選挙に向けて、与党に不満を抱いて離反したこれらの層を再び取り込むための包摂的な経済政策や社会政策を発表するとともに、政治や行政の改革を通じて自らの改革姿勢を売り込んでいこうとしたのである。以下では個別の政策をみていくことしよう。

（１－１）経済・行政改革と社会政策

ナジブ政権が発足当初から掲げた政権方針は１つのマレーシアの意味を持つ「ワン・マレーシア」（1 Malaysia）であり、これは多民族社会での民族間の調和を図り国民の一体感を向上させることを目指すスローガンであるとされた。このスローガンの背景には２００８年総選挙でマレー人と比較して華人やインド人の与党への支持が大きく落ち込んだことがある。ブミプトラ政策やイスラーム化政策の実施にともなって疎外感や不満を蓄積してきた華人やインド人からの支持回復を目指して民族間の不公平感や対立を和らげることを意図した包摂的なスローガンが選ばれたのである。このワン・マレーシアのスローガンのなかには、民族の別なく低所得者層が取り残されないようにしながら、1991年にマハティール政権が設定した、マレーシアが2020年までに先進国入りするという意図も示されていた。

ナジブ政権のワン・マレーシアのスローガンは、2010年3月に発表された「新経済モデル」（New Economic Model：NEM）にも影響を与えている。NEMは2020年までの期間を想定した中長期開発政策であり、その目標は、1人当たりの国民所得を2010年当時の7600米ドルから2020年までに1万5000米ドルに引き上げるというものである。この目標達成に向けてNEMは、民間部門の再活性化、質の高い労働力育成と外国人労働者への依存軽減、公共部門の強化など8つの分野での構造改革の必要性を説く戦略的改革構想（Strategic Reform Initiatives：SRIs）を打ち出した。そして、SRIsを具体的に実施するための改革プログラムとして、経済面では経済変革プログラム（Economic Transformation Programme：ETP）を作成し、行政面では政府変革プログラム（Government Transformation Programme：GTP）を作成した。ETPやGTPには具体的数値目標が定められ、第一期ナジブ政権ではその進捗状況が逐一政府から公表されたが、このETPとGTPの進捗管理の役割を担ったのが2009年9月に首相府内部に新設された業績管理・実施局（Performance Management And Delivery Unit：PEMANDU）であった。PEMANDUを率いたのは、シェル石油をはじめ民間企業で経営の経験を積み、不振が続いていたマレーシア航空の経営を一時的に立て直して実績を示した経営者のイドリス・ジャラであった。第一期ナジブ政権では彼が政権の改革に向けた目標とその実績を国民に分かりやすく示すスポークスパーソンの役割を果たした。

こうした開発政策の策定とその実施に向けた仕組みを整備するなかで、最大の課題となったのはブミプトラ政策からの転換であった。ＮＥＭはブミプトラだけに限らない全民族に対する平等な立場をとり、低所得者層へのアファーマティブ・アクションを提言した。加えて、ナジブ政権は発足直後から経済成長を促進するための外国投資の導入にも積極的であった。２００９年４月にはサービス産業と金融部門での投資促進策として外資規制が緩和された。サービス産業では27業種が外資１００％出資を認められ、金融部門では投資銀行、イスラーム銀行、保険会社の外資出資比率の上限が従来の49％から70％に引き上げられた。関連して、２００９年６月には上場企業に株式所有の30％をブミプトラへ割り当てることを義務づけてきたルールを改正し、上場企業に対するブミプトラへの割り当ての義務づけを実質的に撤廃することになった。

第一期ナジブ政権はワン・マレーシアのスローガンのもと、ブミプトラ政策の緩和だけでなく複数の新たな社会政策を導入している。その社会政策とは、２０１２年から始まった低所得者層に向けて現金の直接給付を行うワン・マレーシア国民支援（Bantuan Rakyat 1Malaysia：ＢＲ１Ｍ）、主に都市中間層向けの住宅供給を目的に２０１２年から活動を本格化させた政府系企業のワン・マレーシア国民住宅（Perumahan Rakyat 1Malaysia：ＰＲ１ＭＡ）社の事業、さらに公務員向けの住宅供給を行うワン・マレーシア公務員住宅（Perumahan Penjawat Awam 1Malaysia：ＰＰＡ１Ｍ）事業、風邪などの特定の病気やけがについて１回１リンギットで診察が受けられるワン・マレーシア・クリニック（1Malaysia Clinics）事業、高等教育機関の学生に書籍購入券を支給するワン・マレーシア書籍バウチャー（Baucar Buku 1Malaysia：ＢＢ１Ｍ）プログラム、低所得の高齢者および障碍者に現金支給するワン・マレーシア国民福祉プログラム（Program Kebajikan Rakyat 1Malsyia：ＫＡＲ１ＳＭＡ）といったものであった。

（１－２）抑圧的法律の廃止・改正

経済や行政の構造改革を通じた開発政策や、現金直接給付など新たな方法を導入した社会政策に加えて、第一期ナジブ政権は政治改革にも取り組んだ。その一環として、２０１１年の9月15日にナジブは市民的自由を抑圧する一連の法律を廃止・改正することを発表した。この時に廃止・改正が発表された法律のうち、特に重要だったのは裁判なしで被疑者を2年間拘禁することを可能にする国内治安法の廃止である。もとはマラヤ共産党のゲリラ活動に対抗するために１９６０年に制定された国内治安法であったが、野党指導者や政府に批判的な活動家などを抑圧するための法律として使われるようになっており、政府は国外からも国内治安法に対する強い批判を受けていたのである。国内治安法はナジブの宣言の翌年の4月に予定どおり廃止された。

第一期ナジブ政権では、国内治安法の他にも市民的自由を抑圧する法律の廃止・改正が行われている。印刷機・出版物法では新聞・雑誌の発行に必要な出版免許を1年ごとに更新することを義務づけていた規定が削除されている。さらに、従来の印刷機・出版物法では内務大臣が出版免許の発行・停止・取り消しの決定に絶対的権力を持ち裁判でも争えなかったが、改正後は内務大臣の決定を裁判で争えるようになった。大学・ユニバーシティカレッジ法は学生の政党活動の参加を禁止してきたが、

２０１２年にはそれが合法化された。集会については、従来まで警察法が５人以上の参加する集会に警察の事前許可を求めてきたが、２０１１年に制定された平和的集会法は主催者に集会開催の10日前までに事前通知する仕組みに変わった。

これら一連の市民的自由を抑圧する法律について、これまでの政権では部分的な変更でさえも実質的な議論の対象となってこなかったことを考えれば、第一期のナジブ政権が実際に廃止・改正に踏み込んだのは政治的自由化に向けた動きとして評価することができる。とはいえ、これらの法律の廃止・改正が市民的権利の拡大に向けた根本的な変化をもたらしたか、と問えば大きな疑問符が付く。それは、法律が廃止されたとしてもそれに代わる法律が制定されて運用面で従来の法律と同様の機能を果たすようになっていたり、たとえ一部の条項が改正によって削除されたとしても当該の法律が持つ中核的な抑圧の要素が大きく変わっていなかったりするためである。

国内外で批判を受けてきた国内治安法は廃止されたが、同時にその代わりとなる治安違反（特別措置）法が制定されている。治安違反（特別措置）法では捜査当局による被疑者の拘禁期間が28日にまで短縮されているものの、国内治安法と同様な運用のされ方が懸念されている。第一期ナジブ政権下で政府は治安違反（特別措置）法の制定時にはテロリストを想定した法律であると説明していたのだが、第二期ナジブ政権下では政府に批判的な人物を拘禁するために治安違反（特別措置）法が使われる事例が起こっている。実際に海外の複数の捜査機関に告発して１ＭＤＢスキャンダルの捜査を進めさせようとした元ＵＭＮＯ政治家とその弁護士、ナジブの首相退陣を求めて平和的な街頭デモを組織した社会運動の代表などが治安違反（特別措置）法を通じて拘禁されている。印刷機・出版物法については、そもそもこの法律が抑圧的だとされるのは出版免許制度が存在すること自体に起因するため、法改正後も政府が原則的にはいつでも免許の取り消しを行うことができてしまう。むしろ通常は実際に取り消すのではなく、取り消しの恐怖を通じて新聞・雑誌に自己検閲を強いるのが政府のメディア統制の一般的手法である。とはいえ、1MDBスキャンダル関連では報道を行った経済専門週刊紙の『ジ・エッジ』（*The Edge*）が印刷機・出版物法の規定を通じて政府に3か月の停刊（後に、裁判での訴えが認められて期間は短縮）を命じられている。大学・ユニバーシティカレッジ法それ自体からは大学生の政党活動を違法化する規定がなくなったが、現在でも各大学の内部規定を通じて大学生の政党活動を様々な形で制限する大学も少なくない。平和的集会法の制定により、集会やデモの組織は免許制度から事前通知制度に変わったことでデモ・集会の組織者側にとって手続き等の面で容易にはなったものの、平和的集会法には集会やデモを禁止する様々な公共施設の場所が規定されており、法律の規定にそのまま沿えば街頭デモ行進などは首都圏ではほとんどできなくなる。また、事前通知を受け取った当局がデモや集会を許可するか否かは、依然として当局側が判断することになる。

では抑圧的法律の撤廃・改正とその実態の政治的な意味とは何か。結局のところ、第一期ナジブ政権が体制の自由化を検討していることを国民に示す重要なサインであったことは間違いないものの、そうした体制側から示された自由化のサインは、後に判明するように、ナジブ個人の判断や彼を取り巻く政治的環境に左右されやすい非常に脆弱なものであった。とはいえ、経済・行政改革や新たな社会政策ともあわせて考えれば、第一期ナジブ政権期にナジブとその政権は、少なくとも改革志向の首相や政権として自らをブランディングしてその実績を国民に示すことで、2008年総選挙での与党の失地を取り返そうとする姿勢をみせていた。だが、ナジブの改革者としての姿勢は２０１３年総選挙を経て大きく後退していくことになる。

（２）反動（第二期ナジブ政権：２０１３年〜現在）

（２－１）２０１３年総選挙

２０１３年5月の総選挙は第一期ナジブ政権が示した改革に向けたスタンスを大きく変える契機となった点で重要である。まずは２０１３年総選挙の経緯とその結果についてみておこう。

ナジブ政権が示したワン・マレーシアのコンセプトとそれに基づく一定の実績は、２０１３年総選挙の選挙期間中に野党の主張する「政権交代」の呼びかけに競り負けてしまった感が否めない。とりわけ非マレー人や都市中間層の有権者の間で野党の支持が大きく拡大した。野党は、マレー語で「チェンジ」を意味する「ウバ」（Ubah）や、同じくマレー語で（政権交代を）「今回で」という意味の「イニ・カリ・ラ」（Ini Kali Lah!）をキャッチフレーズに巧妙な選挙キャンペーンを行った。85％近くの投票率を記録した選挙の結果は、与党の国民戦線が連邦下院議席の１３３議席を獲得し、野党の89議席を上回って政権を維持した。しかし、得票率でみると与党の47％に対して野党が51％を獲得しており、絶対的な獲得票数では野党が与党を上回る結果となった。前回２００８年総選挙の時より7議席を減らし、得票率で逆転されながらも与党が野党に一定の差をつけて議席を確保することができたのは、マレーシアが採用する死票の多い小選挙区制の特性と、いわゆる「一票の格差」と呼ばれる都市部に比べて村落部の票が過大代表される現象を引き起こす選挙区割りに大きく助けられたからである。マレーシアの一票の格差は深刻で最大で約9倍の格差がある。

総選挙結果が判明した直後、ナジブは2013年総選挙で与党が議席を減少させたのは「華人津波」によって引き起こされたと述べた。これは、与党勢力の後退の主因を華人支持の減少に求めたものである。実際、国民戦線の構成政党のなかで華人系与党の3党は前回2008年総選挙より14議席を減らした一方で、マレー系与党のUMNOは9議席増となっており、華人の与党離れが前回以上に一層進んだ。とはいえ、ナジブの「華人津波」のコメントに対しては、非マレー人を中心に与党支持の低下を特定の民族集団のせいにすべきではないとする批判があがった。このナジブのコメントはUMNOが直接所有するマレー語日刊紙『ウトゥサン・マレーシア』(*Utusan Malaysia*)が投票日の翌々日の第一面で「華人はこれ以上何を求めるのか?」(Apa lagi Cina mahu?)との見出しを付けて華人批判を紙面で展開したことでさらに注目されることになった。ナジブはこの『ウトゥサン・マレーシア』の報道に対して、報道陣の前で華語紙も同じことをやっているとの趣旨のコメントを返し、『ウトゥサン・マレーシア』側に立つような姿勢をみせたために、華人社会を中心に大きな反発が起こった。ナジブの「華人津波」のコメントや『ウトゥサン・マレーシア』の報道は、ナジブ政権の政策転換を暗示するものであった。

(2-2) 総選挙後の反動とその理由

2013年5月の総選挙後、ナジブ政権は第一期政権で発表した政策からの転換を明確にしていくことになる。経済政策でナジブは2013年9月にブミプトラ経済エンパワーメント・アジェンダを自ら発表する。その内容は、①人的資本、②株式所有、③（住宅や工業用地などの）非金融資産、④企業家育成とビジネス支援、⑤行政サービスの5分野を特に重視してブミプトラへの支援を行うというものであった。そして、この支援策の執行を確実にするために首相を議長とするブミプトラ経済評議会が新設され、月一回の会合で実施状況を監視することになった。ブミプトラ経済エンパワーメント・アジェンダで取り上げられた事業の多くは従来までの事業の延長線上にある［中村 2015］。とはいえ、第一期ナジブ政権がワン・マレーシアのスローガンを掲げてNEMを発表し、ブミプトラ政策の緩和を発表したことを考えれば、改革が後退したことは間違いない。

政治的自由化についてみれば、2013年から2015年にかけて市民的自由を抑圧する方向で法律の制定や改正の審議が進んだ。具体的な制定・改正が行われたのは、扇動法改正、刑法改正、犯罪防止法、テロリズム防止法、国家安全保障審議会法などである。このうち、テロリズム防止法は最長2年間の被疑者の拘禁を認めており、形を変えて国内治安法が復活したともみることができる。さらに、国家安全保障審議会法によって首相を長とする8名の閣僚からなる国家安全審議会の設置が可能となった。首相はこの審議会での決定に沿って国王の認可なしに非常事態宣言を出して事実上無制限に市民的権利を制約することができるようになったのである。すでにみたように、第一期ナジブ政権で抑圧的法律を廃止・改正した時には、市民的自由の根本的な改善については疑問符が付くものの、自由を拡大する方向へ前進はしていたといえる。しかし、2013年総選挙後の第二期ナジブ政権は、抑圧的法律を新たに制定・改正したことで明確に政治的自由化から後退した。

さらに、2014年から2015年にかけて、政府は野党政治家、大学教授、弁護士、漫画家など政府に批判的な立場の人々を扇動法によって相次いで逮捕していった。2014年には扇動法による逮捕・捜査の対象となった者は29名であったが、2015年にはその数が206名に急増している。この2014年から2015年にかけて起こった政府による扇動法を使った相次ぐ逮捕・捜査は、扇動法検挙網（Sedition dragnet）とも呼ばれた。政府が扇動法を使って逮捕・捜査を行うときの容疑は、スルタンや国王への侮辱や2009年のペラ州の州政権交代に関わる論点だけでなく、与党UMNOへの批判まで含まれており、はなはだしく恣意的な運用がなされた［鈴木 2018］。

2013年総選挙後のナジブ政権が、なぜそれ以前に進めてきた改革路線に逆行するような政策や政権方針をとるようになったのか。その理由は、与党および政権内部のパワーバランスが変化したためであり、それと関連してナジブが政権維持の戦略を大幅に転換したためである。

与党および政権内部のパワーバランスの変化をもたらしたのは2013年総選挙である。総選挙結果は与党連合の国民戦線のなかで華人系与党が大幅に議席を減らした一方で、マレー系与党のUMNOは議席を増やした。それはとりもなおさず、ナジブが進めてきた、非マレー人の疎外感の解消を視野に入れ、全国民を包摂する形でマレーシアの先進国入りを目指すというワン・マレーシアのスローガンが、国民、とりわけ華人には受け入れられなかったことを意味した。総選挙の後、国民戦線内の華人系与党のなかで最大勢力の、マレーシア華人協会（Malaysian Chinese Association：MCA）は華人有権者からの批判を真摯に受け止めるとの理由で、国民戦線が組織する政府に所属議員が入閣することを断った。MCA出身の閣僚の不在は翌年まで1年近く続いた。この期間の内閣は、首相府に民間人出身の華人閣僚を入閣させ、インド系与党からの閣僚もいたものの、UMNO主導の文字通りの「ブミプトラ内閣」と呼んでよい状況にあった。

1970年代から続いてきた与党連合の国民戦線の統治は「すべての民族と地域の代表」が国民戦線という与党連合の傘の下で協議と調整を通じて政治決定を行うという基本原理を通じて正統化されてきた。中長期的にみれば、マハティール政権期からの激しい党内抗争や華人有権者の選好の変化によって、MCAの議席獲得数や政府内部での影響力は漸減しつづけ、2008年総選挙で議席を大きく後退させたことで影響力低下は顕著になっていた。ただし、2013年総選挙でMCAを含む複数の華人系与党はより一層議席を減らし、さらに一時的とはいえ、政府に閣僚を送らなかった。そのため、政府・与党内部での華人社会の代表機能が大幅に弱体化し、ひいては国民戦線が掲げてきた「すべての民族と地域の代表」による統治という、統治の正統性の原理にも大きな疑問符を与えることになった［伊賀 2014］。

非マレー系政党の政府内での影響力の低下が進む一方で、2013年総選挙後のUMNO党内ではブミプトラの優遇措置の維持やイスラーム化の一層の推進を求める保守派の声が大きくなっていった。第一期ナジブ政権が推進しようとしてきた非マレー人への配慮と民族をベースとしない経済政策に対しては、2013年総選挙前にも反対が存在していた。党内保守派は『ウトゥサン・マレーシア』のようなマレー語紙での投稿や、UMNO党外でマレー人優先主義を唱えるNGOのプルカサ（Pertubuhan Pribumi Perkasa：PERKASA）のような組織が起こすデモ活動などの手段を支援する形をとってワン・マレーシアの方針や経済改革に反対しようとしていた。とはいえ、2013年総選挙前までは政権がそうした保守派の声を抑えることに成功していた。しかし、UMNOが議席を増やし、華人与党が議席を減らすことで国民戦線全体の議席が減少した2013年総選挙の結果は、UMNO党内での保守派を勢いづかせた。この党内での動きを受け、ナジブは第一期政権の方針を大きく転換させ、保守派の声を重視していく方向へと急速に舵をきることとなった。

2013年総選挙後にナジブがそれまで進めてきた改革路線に逆行する形で改革を後退させていったことは、首相の地位を守るという観点からすれば、彼の政治的プラグマティズムの発露としてみることができるだろう。マレーシア政治研究者の中村は第二期ナジブ政権での改革路線の後退の理由として、第一期の政権でターゲットにしていた中間層や非マレー人からの支持回復を2013年総選挙後のナジブ政権は断念し、マレー人のエリートと貧困層へのアピールを重視するように方針を転換したことを指摘する［中村 2015］。言い換えれば、回復があまり期待できない華人や中間層からの支持を無理して獲得しなくとも、一定の支持が見込めるエリート層と社会福祉政策の恩恵を受けやすい貧困層、あるいはブミプトラ優遇政策からこれまで利益を得てきたマレー人からの支持を固めることで政権は維持できる、そのようにナジブが見切りをつけたと考えられる。

2013年総選挙を経て改革が大きく後退していく中で、ナジブは1MDBスキャンダルによって40年近く続けてきた政治家人生で最大の危機を迎えることになる。

４　１ＭＤＢスキャンダルからの「生き残り」

（１）１ＭＤＢスキャンダルとナジブの巻き返し

１ＭＤＢにまつわる不透明な取引や資金運用の疑惑はすでに２０１０年の段階からアンワルなどの野党政治家によって指摘され、ネットニュースサイトなどで散発的に報道されていた。しかし、巨額負債や不透明取引をめぐり１ＭＤＢが実際に深刻な問題として国民の間で広く関心を抱かれるようになっていったのは２０１４年から２０１５年にかけてである。まずは１ＭＤＢスキャンダルが政治問題化していった経緯をみていくことにしよう。

２０１０年頃から１ＭＤＢをめぐる疑惑の報道が散発的になされていたなかで、この問題への国民の関心を高めるうえで重要な役割を果たしたのは、元首相のマハティールである。マハティールは２０１４年７月にナジブに１ＭＤＢをめぐる不祥事を問いただす手紙を送り、期待した返事が得られなかったことから８月にはナジブとその政権への支持を撤回することを表明した。このマハティールの動きを受けて、９月にはＮＳＴＰグループの元グループ編集長でブロガーのカディール・ジャシンがムヒディン・ヤシン副首相やマハティールの息子でクダ州の州首相のムクリズ・マハティールらに対して１ＭＤＢ問題を追及すべきと訴えた。

マハティールによる１ＭＤＢ問題でのナジブ批判が一般社会にも発信され、厳しさを増していくのは2015年に入ってからである。これには、2014年末から2015年初頭にかけて1MDBが巨額債務を抱えているだけでなく、期限内に債務支払いが履行できない問題が浮上したことが影響している。債務不履行の問題は海外投資家のマレーシア政府への不安や不信を引き起こし、通貨リンギット安という形で次第に経済全体にもマイナスの影響を与えつつあった。

資金繰りに困って債務不履行に直面した1MDBを救うため、2015年2月25日の閣議では政府が30億リンギットの資金を注入する計画が検討された。しかし、閣僚の大多数が反対してこの計画は流れた。財務大臣のナジブが主導したとみられる計画が閣僚の反対にあって頓挫するという異例の出来事は、政府内部でもナジブへの批判が強まっていたことを意味する。さらに3月に入ると、警察、バンクヌガラ、マレーシア反汚職委員会（Malaysian Anti-Corruption Commission：MACC）、日本でいえば検察と内閣法制局の業務を担当する法務長官（Attorney General）室の4機関が合同して1MDB捜査のタスクフォースが結成されて捜査が本格的に開始された。同時期に連邦下院の公会計委員会でも1MDB問題について活発な調査と議論が行われ、1MDBのCEOを参考人として招聘して意見を聞くことも計画された。7月2日のWSJによるナジブの7億米ドルの不正資金疑惑報道はおそらく、上記のタスクフォースや公会計委員会など公的機関を通じて集められた情報の一部がリークされたことで可能になったと考えられる。7月6日には資金流入が疑われるナジブの6つの個人口座が封鎖され、7月8日には上記のタクスフォースが1MDB本社への家宅捜索を実施した。ナジブのもとに司直の手が伸びるのも時間の問題であるとみられていた。

首相辞任だけでなく投獄の危機にも直面したナジブはここから一気に巻き返しを図った。7月28日には抜き打ちで内閣改造を実施して１ＭＤＢ問題でナジブに批判的だった副首相兼教育大臣のムヒディンや農村・地域開発大臣のシャフィ・アプダルらを閣僚から外してナジブに近い人物を配置した。特に副首相には、ムヒディンに代えて、かつてナジブの政治秘書も務めたことがあるアフマド・ザヒド・ハミディを置いた。内閣改造では批判的な閣僚の首を切るだけでなく、連邦下院の公会計委員会の長として１ＭＤＢの疑惑解明に積極的であるとみられていたヌル・ジャズランを内務副大臣として閣内に取り込んでいる。ヌル・ジャズランをはじめとする公会計委員会の与党側委員が閣内にとりこまれて委員を辞任したために、公会計委員会の調査は事実上停止した。

ナジブの巻き返しは官僚制内部でも行われた。１ＭＤＢを捜査する特別タスクフォースの中心人物の一人であった、法務長官のアブドゥル・ガニ・パタイルは７月27日付で病気療養のために退任し、その後任として直ちにモハマド・アパンディ・アリが就任した。ガニ・パタイルの法務長官の正規の任期は10月６日までとされており、わずか２か月余りの任期を残しての急な退任である。ＭＡＣＣトップのアブ・カシム・モハマドは８月７日に手術のために一時的に職を離れていることがメディア上で確認された。アブ・カシムが入院を経て公式に復帰したのは、10月13日になってからである。警察内でインテリジェンス部門にあたる特別部隊の部隊長と副部隊長も更迭の対象となった。法務長官室やＭＡＣＣではトップ以外の職員たちが機密情報漏洩の疑いで捜査対象となり、その関連捜査はバンクヌガラにも及んだ。

ナジブは約７億米ドルの資金が自らの個人口座に振り込まれたことを認めたが、その資金はサウジアラビアの王族から寄付として振り込まれたものであって１ＭＤＢに由来するものではないと説明している。2016年1月に法務長官のアパンディ・アリはこのナジブの説明に満足し、この件に関する犯罪性がないことを確認したために、ナジブに関する1MDBの捜査をすべて終了することを表明した。大半の国民が約7億米ドルの資金に関するナジブの疑惑に納得がいかず取り残されたままであるものの、現状では捜査が再開される見込みはほぼない。

閣僚から降ろされたムヒディンとシャフィらはマハティールとともにUMNO内部でナジブの批判勢力となった。ムヒディンやシャフィは閣僚を降ろされたもののUMNO内では依然として党内序列第2位の副総裁と第3位の副総裁補であったために、2015年12月のUMNO党大会で大きな波乱が起こることも予想されたが、ムヒディンやシャフィらに同調する動きは少ないまま、ナジブが批判を抑え込んだ形となった。結局、UMNO内で反ナジブの勢力を確立できないまま、2016年6月にムヒディンは党除名、シャフィは党員資格停止となった。ムヒディンは2016年2月にすでに離党していたマハティールらとともに、2016年9月に新政党のマレーシア統一プリブミ党（Parti Pribumi Bersatu Malaysia：PPBM）を結成した。シャフィも自らの地盤であるサバ州で10月にサバ伝統党（Parti Warisan Sabah：WARISAN）を立ち上げた。

上記のような2015年7月のWSJ報道以降のナジブ政権の一連の行動は、政治家として人生最大の危機に直面して、ナジブがなりふり構わず自分の「生き残り」を優先させた結果といえる。ナジブの「生き残り」が優先されるなかで、政府内部で自らに批判的な閣僚のみならず1MDBの捜査に関わった公務員も7月末から8月にかけて一気に更迭されることになった。ナジブによる法執行機関の職員の一斉更迭は、前政権のアブドゥラ政権下で着手された、警察、汚職取締制度、司法などの制度改革に根本的な欠陥があることを改めて明らかにした。

例えば、ＭＡＣＣは香港の反汚職独立委員会（Independent Commission Against Corruption：ＩＣＡＣ）などをモデルとし、汚職の発見・調査・予防のための訓練や教育などの機能を備えた組織としてアブドゥラ政権末期に新設されたが、重大な制度上の欠陥があった。その欠陥とは、ＭＡＣＣに公訴権が与えられていないことである。ＭＡＣＣが公訴権を持たないことについては、制度設計の段階から野党や市民社会組織などが批判してきた。マレーシアで公訴権を持つのは法務長官であり、その職は首相の助言を受けて国王が任命する。だからこそ、ナジブがＷＳＪの報道後に真っ先に更迭したのが４機関合同タスクチームのうちの法務長官であった。制度設計上すでに示されていたことではあるものの、１ＭＤＢスキャンダルの捜査を通じて政府内部の機関が首相の意向に反した捜査を行うことは事実上不可能であるということが改めて明らかになった。

（２）首相兼財務大臣の権力

ＷＳＪの報道以後の１ＭＤＢスキャンダルをめぐる経緯で他にも議論となる点は与党内の反ナジブの動きである。マハティールやムヒディン、シャフィといった反ナジブ勢力がＵＭＮＯ党内で、なぜほとんど勢力を拡大することもできないまま離党せざるをえなかったのだろうか。結論からいえば、ナジブがＵＭＮＯ内で反ナジブ勢力の拡大を限定的なものに留めることができたのは、マレーシアではそもそも首相（＝与党ＵＭＮＯ総裁）ポストへの権力集中が著しく、ライバルによる首相への挑戦が制度的に困難であるからである。しかも、後述するようにマハティール政権末期からライバルによる首相への挑戦がますます困難な状況が生じつつある。

　公式の制度をみれば、UMNOの最高意思決定機関は年に1度開催される総会であるが、通常の党務を担当して実質的に党を運営するのは最高評議会である。最高評議会を主宰する総裁には、党の中央組織のみならず地方組織の党役員人事に関する幅広い裁量権が与えられている。加えて、下院選挙と州議会選挙の公認候補の指名権も最高評議会が握っている。日本の55年体制下の自民党と同様、マレーシアにおいて長期与党体制を継続してきたUMNO内にも派閥は存在するが、自民党ほど制度化された強力な派閥は現れず、個別のリーダーの支持者を中心とした緩やかなまとまりに留まっている。55年体制下の自民党の場合、制度化された派閥が作られた大きな要因は中選挙区制度であったとされるが、UMNOの場合は独立時から旧植民地のイギリスから継承した小選挙区制度を採用しており、前述のように総裁が選挙候補者の公認権を握っていることと合わせて考えれば、現役の総裁に党内のライバルが挑戦することは困難である。

　では、こうした公式の制度に裏打ちされた人事権の他に、首相への権力集中を非公式に支える政府・与党内でのカネの流れはどのようになっているのか。ここでは、マハティール政権期からナジブ政権期にかけてUMNOが所有していた政党ビジネスに起こった劇的な変化に注目してみよう。

　かつて、マハティール政権期のUMNOは世界でも有数の金持ち政党として知られていた。それは、UMNOが様々な産業にまたがってマレーシアを代表するような大企業を所有していたからである。この政党ビジネスについては、マラヤ大学教授のE・T・ゴメスが1990年代に研究を発表している。ゴメスが政党ビジネスの研究で実証したのは、1970年代以降に本格化したブミプトラ政策や

1980年代に導入された民営化政策によって拡大したビジネスの機会を前に、UMNOが不動産開発、メディア、インフラ建設、通信、銀行、航空など様々な分野で買収を繰り返し巨大な政党ビジネスのネットワークを作り上げたことだった［Gomez and Jomo 1999］。UMNOの巨大な政党ビジネスは豊富な政治資金を生み出すだけでなく、中小および零細の企業を営む党員が多いUMNO内では、主に地方の幹部党員への下請けという形で利益供与を行う手段にもなった。

UMNOが政党ビジネスの拡大と管理の方法として利用したのは、複数の株式会社間での株式持ち合いを通じて経営に介入できるようにするとともに、人事の面でUMNOの意向を汲む代理人を送り込んで彼らを通じてビジネスを支配することであった。マハティール政権下でUMNOの政党ビジネスの代理人としてよく知られたのは、タジュディン・ラムリ、ワン・アズミ・ワン・ハムザ、そして後述するレノン・グループを経営したハリム・サアドなどである。彼らは、UMNOの党財務部長や財務大臣を歴任したダイム・ザイヌッディンとの関係が深かったためにダイム・ボーイズとも呼ばれた。マハティール政権下では、民営化政策のプログラムにより払い下げられた企業や新規参入を認められた企業を対象に、マハティールやダイムと親しい企業家やUMNO党員を送り込んで経営を担わせることが行われた。これは、UMNOの政党ビジネスを拡大するためだけでなく、マレー人起業家を育成してマレー人ビジネス・コミュニティを作るというマハティール政権下でのブミプトラ政策の基本方針にも合致したものであった。1980年代から1990年代の高度経済成長期に巨大化していったUMNOの政党ビジネスは、1997年のアジア通貨危機が起こる前までに、互いの人脈の重なり合いや例外もあるものの、大別してマハティール、ダイム、1993年から副首相兼財務大臣となったアンワルの3者の系統の政治家人脈によってコントロールされるようになっていた。

しかし、与党政治家との不透明な関係性のなかで急速に規模を拡大していたＵＭＮＯの政党ビジネスは、１９９７年のアジア通貨危機とそれに引き続いて起こった経済危機のなかで巨額の負債を抱えて倒産の危機に陥った。その代表格がハリム・サアドのレノン・グループである。建設、通信、高速道路管理などの分野でマレーシアを代表する企業を抱えていたレノン・グループは巨額債務を負い、政府が作った債務支払いスキームのもとで、資産や傘下企業の売却を進めていった。レノン・グループと同様に政府およびＵＭＮＯとの関係性を通じて発展してきた一連の企業群の多くが経済危機によって売却の対象となったが、それらを買収したのは政府である。この時に（再）国有化された企業の経営者には、アブドゥル・ワヒド・オマールのような欧米の有名大学で経済学や会計学の学位を修めて帰国した30代の若手マレー人たちが採用されて経営の立て直しを主導するようになった。創業時からのオーナー経営者であるダイム・ボーイズたちとは異なる経営専門家の若手マレー人層が台頭するようになったのである。

１９９０年代末の経済危機の対応のために（再）国有化された主要な企業はアブドゥラ政権期になってもそのまま政府のもとに置かれた。アブドゥラ政権はこれらの企業を政府関連企業（Government-Linked Companies：ＧＬＣ）として残したまま経営のパフォーマンスを改善させようとしたのである。アブドゥラ政権期に実施されたＧＬＣ改革によって、ＧＬＣは政府所有ではあるものの、経営は政府外から採用された専門経営者によって民間企業同様に実施されることが目指され、実際に大手ＧＬＣでは改革は一定の成果を達成することができた［熊谷 2018］。

1990年代末の経済危機への対応とアブドゥラ政権期のGLC改革を経て、マハティール政権期に存在していたUMNOの政党ビジネスは2010年代になると全く別物へと変化していた。マハティール政権期には大量の企業を傘下に収めていたUMNOが、現在でも所有していると断言できるのは、マレー語紙『ウトゥサン・マレーシア』を発行する新聞・出版企業のウトゥサン・グループだけである。かつてのUMNOの政党ビジネスに連なっていた企業はGLCとなった。1990年代にUMNOの政党ビジネスの実態を明らかにしたゴメスは2017年の最新の研究ではGLCの実態を明らかにしている［Gomez, Thirshalar, Norfaryanti, Sunil and Fikri 2017］。ゴメスの研究に沿えば、クアラルンプール株式市場の上場企業のうち、2013年段階での株式の時価総額トップ100位以内に入る企業のなかにGLCは35社が含まれていた。この35社はクアラルンプール株式市場の全上場企業の時価総額の42％を占めていた。マレーシア経済の中核をなすこれらの35社のGLCの持株会社に当たるのは、政府関連投資企業（Government-Linked Investment Companies：GLIC）とも呼ばれることもある7つの政府系ファンドである。7つの政府系ファンドには、日本を含めた海外でも積極的な投資を行っているカザナ社、日本の厚生年金基金に相当する従業員積立基金（Employees Provident Fund：EPF）、イスラーム教徒がメッカに巡礼するための積立基金である巡礼基金（Lembaga Tabung Haji：LTH）などが含まれている。この7つの政府系ファンドは、主管する省庁の違いがあるが、すべてが法令か直接的な所有関係を通じて財務省のコントロール下にある。さらに、ゴメスの研究が発見したもう1つの重要な点は、ナジブ政権下のGLCやGLICの経営陣のなかではUMNO党員の割合が大きく低下し、代わって専門経営者や官僚が著しく増えた点である。

以上のようなＧＬＣあるいはＧＬＩＣの実態をマハティール期の政党ビジネスと合わせて考えれば次のような政治的な含意を導くことができる。マハティール政権期のＵＭＮＯの巨大な政党ビジネスは政治資金を生み出し、ＵＭＮＯの党指導者が一般党員に利益供与を行うための巨大な装置でもあった。しかし、１９９０年代末の経済危機とアブドゥラ政権期のＧＬＣ改革はＵＭＮＯの政党ビジネスの姿を一変させた。ＵＭＮＯの政党ビジネスは（再）国有化を経て政府に回収されるとともに、ＧＬＣの経営者人事ではＵＭＮＯ党員が避けられ、ＵＭＮＯとの関係性が比較的薄い専門経営者が大量に採用されることでＵＭＮＯ党員が与党のチャネルを通じて利益供与を受けるための機会は大きく後退した。与党がカネを配分する権力を低下させるなかで、ナジブ政権となってＵＭＮＯの政党ビジネスを回収したＧＬＣおよびＧＬＩＣを通じて政府・与党内のカネの流れを左右する権力を拡大していったのが財務省であった。

では、この財務省をコントロールしているのは誰か。現在のマレーシアでは財務大臣ポストは第一財務大臣と第二財務大臣に分かれているが、もちろん第一の方が上位者である。そして、第一財務大臣は首相と兼任してナジブが現在務めている。この兼任のおかげでナジブは与党や潜在的なライバルともなりうる他の大臣を介在させずに、独占的に政府・与党内のカネの流れを左右することができている。首相が財務大臣を兼任するようになった最初の出来事は、マハティールが１９９８年の経済危機の最中に当時の副首相兼財務大臣のアンワルを解任して財務大臣のポストを兼任した時にさかのぼる。それ以降、マハティールの後を継いだアブドゥラも、その後のナジブも首相と財務大臣を兼任しており、すでに20年近くが経過している。ナジブが始めたのではなく、それ以前の２人の首相が続けてきた慣行が首相への権力の極度の集中をもたらし、ナジブの政治的生き残りを支える結果となっている。

（３）野党の分裂

首相（兼財務大臣）への権力集中に加え、ナジブの首相としての地位の安定をもたらしているもう１つの要因は、体制外アクターとしての野党の分裂状況である。

２００８年総選挙を経て結成された野党連合の人民連盟は州政権を大過なく運営し、２０１３年総選挙で与党連合の国民戦線を得票率で上回るなどかなりの程度の成功を収めたものの、２０１３年総選挙後には内紛を起こして、２０１５年６月には瓦解してしまう。人民連盟の瓦解後の９月にはＤＡＰとＰＫＲ、そこにＰＡＳから分裂して結党された国家信託党（Parti Amanah Negara、略称「アマナ」［Amanah］）が加わって希望連盟（Pakatan Harapan）が結成された。２０１７年に入るとマハティールやムヒディンらＵＭＮＯからの離党者が結成したＰＰＢＭも公式に希望連盟に加入して４野党連合となった。

人民連盟の瓦解以後の野党再編によって野党は希望連盟とＰＡＳへと分裂したが、この影響が如実に表れるとみられるのが、２０１８年に予定されている次の総選挙である。予定されている総選挙では特にマレー人が多数派を占める選挙区を中心に野党間の競合状況が生じるとみられる。つまり、１つの小選挙区に与党ＵＭＮＯの候補、野党の希望連盟の候補、同じく野党のＰＡＳの候補の３候補が並び立ち、野党支持票が分散することでＵＭＮＯが漁夫の利を得るというシナリオが予想されている。

実際に2016年6月に実施された連邦下院の2つの補選（クアラカンサー選挙区とスンガイブサール選挙区）ではいずれも、与党の国民戦線の候補は2013年総選挙から若干得票を伸ばし5割以上の得票率を得たが、野党側は希望連盟とPASの候補がそれぞれ2割程度の票を分け合う形となってUMNOには全く届かなかった。PASは2016年にイスラーム系の小政党と非公式連合の平穏構想（Gagasan Sejahtera）を結成して総選挙に臨む姿勢をみせている。そして、130以上の選挙区にPASおよび平穏構想の候補を立てて選挙を戦おうとしており、野党票の分裂は避けられない情勢にある。

2015年以降の野党連合の再編過程は急激だが、歴史的にみれば、PASやDAPなど現存する野党間での連合結成の試みは1990年代からすでに始まっている。1998年にはPAS、DAPとPKRの前身にあたる国民公正党（Parti Keadilan Nasional：PKN）などで構成される野党連合の代替戦線（Barisan Alternatif）が結成され、国民戦線と対抗する構図ができたが、2001年にDAPが代替戦線から脱退して主要野党が連合する試みが崩れた過去もある。代替戦線での経験および人民連盟での成功からまとまって与党に対抗することの有効性は各野党のなかで理解されていたはずである。また、2008年の結成以来、人民連盟は共同政策綱領やそれに基づく政策文書（通称「オレンジ本」［Buku Jingga］）を作成して次の総選挙に向けた野党間の共通政策の発表にこぎ着けていたし、スランゴール州やペナン州などの人民連盟が運営する州では州政権の運営を通じて野党政治家間には協力・信頼関係が生まれつつあった。それなのになぜ、人民連盟は瓦解し、その後継にあたる希望連盟はPASを取り込むことができずに、野党は分裂したままになっているのか。

その基本的な理由は野党各党間の対立にあるが、野党間の対立の陰にはUMNOあるいはナジブによる介入がみえる。ＵＭＮＯ側からみれば野党連合を崩すためのカギはＰＡＳであった。２０１３年総選挙後には、クランタン州でのハッド刑の導入をめぐってＵＭＮＯとＰＡＳの両党が連携を探る動きをみせた。ハッドとは飲酒、姦通、窃盗などコーランに処罰が記載された犯罪である。この犯罪に対する刑罰がハッド刑と呼ばれており、例えば、窃盗を行った者に対して四肢を切断する刑などが定められている。イスラーム主義を掲げるＰＡＳは１９９０年からクランタン州の州政権を担うようになって以降、州レベルでのハッド刑の導入を試みてきた。しかし、州レベルでのハッド刑導入であっても関連する連邦法の改正が必要であり、過去にはＵＭＮＯがハッド刑導入に反対していたために、連邦法改正ができず、クランタン州での導入は見送られてきた。

しかし、２０１３年総選挙後には、隣国のブルネイがハッド刑導入を決定したことに触発されて、ＰＡＳはクランタン州でのハッド刑導入の実現に向けて従来にも増して活動を本格化させることになる［中村 2018］。２０１３年11月のＰＡＳ党大会では連邦政府にハッド刑の導入を求める決議が出され、クダ州の代議員からはＰＡＳ指導者がナジブと腹を割ってハッド刑導入について話し合うべきであるとの意見もあがった。ナジブはこのＰＡＳ党内の動きにすぐさま反応し、ＰＡＳ指導者との間でハッド刑の導入について対話を行う用意があると答えた。２０１３年総選挙の直後にクランタン州の州首相に就任したアフマド・ヤコブはナジブとハッド刑に関して話し合う意向を示し、ナジブと会談を行っている。しかし、ＵＭＮＯとＰＡＳの関係がすぐに改善されたわけではない。ＰＡＳの党機構の最上位に位置するウラマー評議会を率いる「精神的指導者」（Mursyidul Am）であり、アフマドの前任として23年もの間クランタン州首相を務めたニック・アジズがＵＭＮＯとＰＡＳの接近に懐疑的な立場をとり、他にもＵＭＮＯよりも野党間協力を重視する勢力が依然として党内で力を持っていたからである。

とはいえ、２０１３年11月の党大会以降はハッド刑導入を目的としたＵＭＮＯとＰＡＳの接近は徐々にではあるが着実に進んでいった。それに対し、人民連盟内では構成政党間の対立が激化していった。２０１４年にはスランゴール州の州首相の変更をめぐって人民連盟はＰＫＲおよびＤＡＰと、ＰＡＳとの間に分かれて内紛を起こした。この内紛の際には実現はしなかったがＵＭＮＯとＰＡＳが連合してスランゴール州政権を担う話も浮上していた。また、２０１５年に入るとＰＡＳでは2月にニック・アジズが死去してＵＭＮＯへの接近を引き留める重しがとれ、6月に行われた党役員人事選挙でＰＫＲやＤＡＰなどとの関係を重視してハッド刑の導入に慎重だったグループの指導者が軒並み落選した。党役員選挙で落選した指導者たちはＰＡＳを離党して、アマナを結成することになる。

人民連盟瓦解後のＰＡＳの公式の立場は、ＵＭＮＯの主導する国民戦線と新たな野党連合の希望連盟の双方とも距離をとって第三極の独自路線を追求することとしているが、ＰＡＳがＵＭＮＯ寄りなのは否定できない。クランタン州でのハッド刑導入に向けた連邦法改正を実現するためにＵＭＮＯとＰＡＳがお互い歩み寄っていったのはもちろんのこと、２０１５年12月のアル＝アズハル大学同窓生のセミナーや、２０１６年12月のロヒンギャへの支援を求める集会において、ナジブとＰＡＳ総裁のハディ・アワンが壇上で親密に語り合う様子をみせ、それがメディアによって広く報道されたことで、一般国民の間でもＵＭＮＯとＰＡＳの接近ぶりが強く印象づけられた。

２０１３年以降の状況に限らず、野党からの厳しい挑戦を受けているときのＵＭＮＯは、ＰＡＳを

21世紀東南アジアの強権政治
――「ストロングマン」時代の到来

2018年3月26日　初版第1刷発行
2019年4月10日　初版第2刷発行

編著者　外山文子
日下　渉
伊賀　司
見市　建
発行者　大江道雅
発行所　株式会社明石書店
〒101-0021 東京都千代田区外神田6-9-5
電話03（5818）1171
FAX 03（5818）1174
振替　00100-7-24505
http://www.akashi.co.jp/
装丁　清水肇（prigraphics）
印刷／製本　モリモト印刷株式会社

（定価はカバーに表示してあります）　ISBN978-4-7503-4663-2

現代フィリピンを知るための61章【第2版】
エリア・スタディーズ 11 大野拓司、寺田勇文編著 ◎2000円

シンガポールを知るための65章【第4版】
エリア・スタディーズ 17 田村慶子編著 ◎2000円

タイを知るための72章【第2版】
エリア・スタディーズ 30 綾部真雄編著 ◎2000円

パキスタンを知るための60章
エリア・スタディーズ 31 広瀬崇子、山根聡、小田尚也編著 ◎2000円

バングラデシュを知るための66章【第3版】
エリア・スタディーズ 32 大橋正明、村山真弓、日下部尚徳、安達淳哉編著 ◎2000円

現代ベトナムを知るための60章【第2版】
エリア・スタディーズ 39 今井昭夫、岩井美佐紀編著 ◎2000円

カンボジアを知るための62章【第2版】
エリア・スタディーズ 56 上田広美、岡田知子編著 ◎2000円

東ティモールを知るための50章
エリア・スタディーズ 60 山田満編著 ◎2000円

ラオスを知るための60章
エリア・スタディーズ 85 菊池陽子、鈴木玲子、阿部健一編著 ◎2000円

カーストから現代インドを知るための30章
エリア・スタディーズ 108 金基淑編著 ◎2000円

現代インドネシアを知るための60章
エリア・スタディーズ 113 村井吉敬、佐伯奈津子、間瀬朋子編著 ◎2000円

スリランカを知るための58章
エリア・スタディーズ 117 杉本良男、高桑史子、鈴木晋介編著 ◎2000円

ミャンマーを知るための60章
エリア・スタディーズ 125 田村克己、松田正彦編著 ◎2000円

東南アジアを知るための50章
エリア・スタディーズ 129 今井昭夫編集代表 東京外国語大学東南アジア課程編 ◎2000円

ASEANを知るための50章
エリア・スタディーズ 139 黒柳米司、金子芳樹、吉野文雄編著 ◎2000円

フィリピンを知るための64章
エリア・スタディーズ 154 大野拓司、鈴木伸隆、日下渉編著 ◎2000円

〈価格は本体価格です〉